蒋伯潜讲国学

诸子与理学

蒋伯潜 蒋祖怡 著

九州出版社 JIUZHOUPRESS | 全国百佳图书出版单位

图书在版编目（CIP）数据

诸子与理学 / 蒋伯潜，蒋祖怡著. --北京：九州出版社，2011.1
（蒋伯潜讲国学）
ISBN 978-7-5108-0804-3

Ⅰ.①诸… Ⅱ.①蒋… ②蒋… Ⅲ.①先秦哲学—研究②理学—研究 Ⅳ. ①B220.5②B244.05

中国版本图书馆CIP数据核字(2010)第251123号

诸子与理学

作　　者　蒋伯潜　蒋祖怡　著
出版发行　九州出版社
出 版 人　徐尚定
地　　址　北京市西城区阜外大街甲 35 号（100037）
发行电话　(010)68992190/2/3/5/6
网　　址　www.jiuzhoupress.com
电子信箱　jiuzhou@jiuzhoupress.com
印　　刷　北京顺诚彩色印刷有限公司
开　　本　880 毫米 ×1230 毫米　32 开
印　　张　10.375
字　　数　193 千字
版　　次　2011 年 1 月第 1 版
印　　次　2011 年 1 月第 1 次印刷
书　　号　ISBN 978-7-5108-0804-3
定　　价　26.00 元

前　言*

我国的传统文化，其包容的内含可以很广，凡过去存在过的事物，衣食住行，几乎无不可纳入文化这个范围。但传统文化就其最基本的典籍来说，集中在经、史、子、集四大部类，也就是人们常说的十三经（或四书五经）、二十四史、诸子百家以及诗词、歌赋、散文等几大方面，这些可统称之为传统文化的“经典”。作为一个有相当文化素养的中国人，有必要也有义务尽可能多地阅读学习一些文化经典著作，以了解、通晓传统文化的源流嬗变，这样才能进一步谈继承与发扬的问题。所以，经典著作的通俗化、普及化工作，便显得十分重要。

“五四”以来，有许多著名学者在这方面做了大量有益的工作。像章太炎的《国学讲演录》、顾颉刚的《尚书》翻译和《汉代学术史略》、梁启超的《中国历史研究法》、范文澜的《经学概论》，还有他的一些关于经学的讲演录和《文心雕龙注》等，都是杰出的成绩。这些学者中影响更为广泛的，则是朱自

* 此前言原为上海书店出版社 1996 年出版这套书时，由钱伯城先生所写。

清、周予同和蒋伯潜。朱自清的《经典常谈》、周予同注释的《经学历史》和蒋伯潜的《十三经概论》。都已成为学习传统文化经典的必不可少的入门书。这三部书，解放后分别由三联、中华和上海古籍出版社重印出版，并多次加印，传播很广。但后二部书专谈经学，前一部书叙述虽很全面，却稍见简略。蒋伯潜、蒋祖怡父子合著的原世界书局于1942年出版的“国文自学辅导丛书”中的六个分册，正可弥补这一缺陷，适应当前读者的需要，我以为这对于传统文化的普及来说，是一件很有意义的事。

这六本书分别是《经与经学》、《诸子与理学》、《骈文与散文》、《诗》、《词曲》、《小说与戏剧》。据我看来，这六本书有如下几个显著的特点：

第一，文字通俗，深入浅出。作者把艰深复杂的内容，讲述得条理清晰，明白易懂，读者很容易接受。

第二，打破旧观念，建立新思想。如把不在经典之列的小说与戏剧提升到经典的位置用专册论述介绍，对白话文学也给以应有的重视等等。

第三，立论公允，不偏不倚。对学术上的今古文、汉学宋学等学派门户之争，不任意偏袒或贬低，据实论述，读者可据此得到完整的概念，并作出自己的判断。

第四，结合实际，具体实用。作者有数十年自中学至大学的教学经验，懂得学生的不同程度和具体要求，使本书的讲解切合读者的实用（如讲诗词则详述格律、音韵）。

第五，古今中外，贯穿配合。本书的论述讲解，不仅讲古，也贯穿至今；不仅讲中国的，还配合讲外国的。正如作者自序所说，本书“以文学与学术为经、文学史与学术史为纬，而文学概论、文学批评、群经诸子及理学之内容流变皆融合于其中”，可使读者对于传统文化及其渊源流变，获得切实明白的知识。

正因为如此，我以为这六本书不仅对于想在这些内容方面有所了解的读者有帮助，而且对于普及读物的写作，也是一个很好的借鉴范例。当然，这套书也有不足的地方，就是缺少关于史书、史学及其他文史专门知识的讲解与叙述，读者可用别的书（如《中国历史研究法》、《经典常谈》等）来补充。好在本书各个分册相对独立，与整体无妨。

本书作者蒋伯潜（1892-1956），浙江富阳人。早年从钱玄同、马幼渔为师，又曾问学章太炎、梁启超门下，深研经学。三十年代末，任教于上海大夏大学、无锡国学专修学校，兼任世界书局特约编审。抗战胜利后曾出任杭州师范学校校长。解放后任浙江图书馆研究部主任，并多次被选为省、市人大代表。蒋祖怡（1913—1992），毕业于无锡国学专修学校，1948年受聘于浙江大学文学院。解放后任杭州大学中文系教授、系副主任，长期从事文艺理论和中国文学批评史的研究与教学。这套书的出版，也是对这二位前辈学者的纪念。

钱伯城

1996年12月，于上海

目　录

第一章
诸子勃兴的因缘

第一章
诸子勃兴的因缘

近人梁启超《清代学术概论》论时代思潮有云："凡思非皆能成潮，能成潮者，则其思必有相当之价值，而又适合于其时代之要求者也。凡时代非皆有思潮，有思潮之时代，必文化昂进之时代也。其在我国，自秦以后，确能成为时代思潮者，则汉之经学、隋唐之佛学、宋及明之理学、清之考证学四者而已。"梁氏据秦以后说，故不及周秦诸子。其实，我国的学术思想，能卓然成为时代思潮，在文化史上划时期的，当推周秦诸子、两汉及清代的经学、隋唐佛学、宋明理学四者。佛学是从国外输入的，不能说它是我国固有的学术思想，虽然它在我国曾产生巨大的影响，欲述其大概，当别为专书。所谓"经"，和两汉与清代的经学，在《经与经学》中已撮述梗概，故本编但就周秦诸子与宋明理学叙其崖略。

所谓"子"，原是一种尊称。本以称有爵位者。例如《公羊传》宣公六年云："子，大夫也。"《谷梁传》宣公十年释"王季子"云："其日子，尊之也。"故春秋时于各国卿大夫，举其谥者皆曰某子，如韩宣子、季康子等。其后，对于有道德学问者亦皆尊称之曰某子，如孔子、老子等；亦有单用一"子"字以称其师者，如《论语》之于孔子；又有于姓氏之上再加一“子”字者，如《公羊传》中之子沈子、子北宫子之类。因此，许多学者的著述亦以“子”称，如《老子》、《庄子》、《墨子》、《孟子》之类。后来史家著录，把这些书籍括为一类，如《汉书·艺文志》则因《七略》而有诸子略，《隋书·经籍志》则承《中经》而名之曰子部。于是所谓“子”者，乃为此类书籍之专称，与经、史等相提并论了。本编所称“诸子”，即指这些学者和他们的学派书籍而言。

近来一般人称周秦诸子为“先秦诸子”。诚然，先秦时期——春秋末至战国末——是诸子之学蜂起的时候。但实际上，诸子的时代当从春秋末世起，到西汉中世止，而以魏晋时的老庄思想为其余波。在这时期中，诸子之学风起云涌，蔚为大观，说者谓比之欧洲古希腊时代，诚无愧色。为什么诸子之学勃兴于这时期呢？因为那时期正是我国历史上政治、社会、经济变动最剧烈的时期，此种变动直至西汉中世方才平静，恰好和诸子之学相终始。我国古代，至周，文化始有相当的发达，一切制度始具相当的规模，故孔子有“周监于二代，郁郁乎文哉”之叹（见《论语·八佾》）。如《易》，至文王而始具（文王拘于羑里，重八卦为六十四卦，作卦辞、爻辞，见《经与经学》）；《书》，周书的篇帙也远过于虞、夏、商（《尚书》分虞、夏、商、周四部分，篇名亦见《经与经学》）；《诗》，除《商颂》及《豳风》等极少数外，皆为周代的诗歌；《礼》，则《仪礼》记礼仪，为周公所定，《周礼》记官制，最早也不会是周公以前的作品，《考工记》和《礼记》更是孔子以后的战国、秦、汉时人著述了（均见《经与经学》）；《春秋》，则是孔子笔削鲁史而成，三传更不待论。这些记录古代历史文化的经典都完成于周代，不是所谓“郁郁乎文”吗？古代的文化孕育胚胎，至周始臻相当的成熟，而这时候，政治、社会、经济以及教育和学术各方面又起了一种划时代的剧变，于是才智之士为时代所激荡，各提出他们“改制”的主张，倡导宣传，形之著述，所谓“诸子”之学，遂呈绚烂之奇观。钱师玄同序《中国学术思想论文集要》，有云：“神州之学术思想，自羲、农、黄帝以迄东周初载，为其萌芽之时。……逮东周中叶，以生齿繁而竞争烈，交通便而知见深，腐败深而衅漏见，五帝三王之陈迹渐不足以约束当时之社会，于是聪明睿知之士，李耳、孔丘、墨翟诸人相继迭起，而学术思想之发展遂达于全盛时代。”虽仅寥寥数语，已足说明东周中世以后诸子勃兴的概况。

这时期，政治制度上有一划时代的剧变，便是由封建制变成郡县制。我国古代的封建制度，实际上是上古酋长部落的遗形与变相。那时所谓“天子”，并非如秦、汉以后的皇帝，有统治全国的实权。与其说他们是统治者，不如说他们是各部落的酋长，或封建的诸侯的领导者。夏、商、周的鼎革，不过后一代从诸侯的地位崛起，推翻了前一代世袭的天子，夺得其领导权而已，汤之于桀、武之于纣，都可作如是观。因此，易姓改代之际，虽也曾分封其功臣或子弟为新建的诸侯，大部分还是仍前代之旧；而且前一代的君主，虽已失却其对于诸侯各国的领导地位，而仍不失为诸侯之一，如舜后之陈、夏后之杞、商后之宋，至春秋时犹存。春秋之世，齐、晋、楚诸国的先后争霸，也还是为争诸国间的领导权。齐桓、晋文之流的一面争霸，一面仍表示尊重东周共主，拆穿了说，和文王在纣时为西伯，一面戡黎灭崇，一面仍“三分天下有其二，以服事殷”，正是同样的做法。楚国却已在实行兼并，《左传》所谓“汉阳诸姬，楚实尽之”（晋乐贞子语，见僖公二十八年），当是实录。到了春秋末年，遂仅存秦、楚、齐、韩、魏、赵、燕七雄，虽然鲁、卫、中山和东、西周等弱小国家尚间有存者。所以夷周代封建诸国为郡县，并不自秦始，不过秦政始把强大的六国都一气并吞了，以武力造成真正全国统一的局面而已。秦祚至短，不久就又现纷扰之局，六国之后如楚、齐、韩、魏、赵等，复自立为王。汉高祖初定天下，异姓之王者也有八人，又曾分封其子弟为王。但六国之后不数年而澌灭净尽，所封异姓之王亦亡其七，至吴、楚七国反后，同姓诸王权削势禁，命官全由中央。于是封建制度根本铲除，郡县制度已造成不可动摇之局了。封建制度的崩溃，开始于春秋中世而完成于秦，西汉初年和郡县夹杂存在的诸国，不过是封建制度的回光返照，故如昙花一现而即灭。这原是大势所趋，无可避免的。但是相沿已数千年的政治制度之崩溃消灭，不能不认为政治史上一种划时代的大变动。

与封建制度相终始的，为古代的贵族政治。秦以前，不但领导酋长、诸侯、号称帝王者都出身贵族，世袭传统，酋长、诸侯各有其特殊的世袭的地位，就是天子诸侯的卿、大夫、士也都世官世禄，成为贵族阶级。那时的政治权完全操在贵族阶级手中，所谓“庶人”完全不得参与政治活动。《尚书·尧典》说尧“克明峻德，以亲九族，九族既睦，平章百姓，百姓昭明，协和万邦，黎民于变时雍”。所谓“九族”、“百姓”，都是有地位的贵族，“于变时雍”的“黎民”方是庶人。那时候不但贵族和庶人地位悬殊，而且社会中的阶级极多、极严，故《左传》有“王臣公，公臣大夫，大夫臣士，士臣皂，皂臣舆，舆臣隶，隶臣僚，僚臣仆，仆臣台”，人分十等之说（芈尹无宇语，见昭公七年）。这种阶级制度，在春秋之世已渐渐地开始崩溃了，故《诗》有赋《式微》之黎侯（《式微》为《邶风》之一篇），《左传》有降为皂隶的栾、郤、胥、原、狐、续、庆、伯诸贵族（叔向语，见昭公三年）。孔子的祖宗在宋为贵族，奔鲁以后也降而为平民（见《史记·孔子世家》）。反之，则饭牛的宁戚可以一跃而仕于齐，为奴的百里奚可以一跃而仕于秦。降至战国，文如范雎、蔡泽等之徒步而登相位，武如孙膑、白起等之白身而取将印，更数见不鲜了。及刘邦，乃以无赖出身而破秦灭项，统一中国，开平民作天子的创局。其功臣如萧何、韩信、樊哙等，也都以平民位至将相。西汉中世，又设贤良文学、茂材异等、孝弟力田、孝廉方正诸科，由郡国选举人才，故如公孙弘等以白衣至卿相者更多。所以贵族政治和阶级社会，也随着封建制度自春秋之世开始崩溃，至西汉中世完全换了一种局面。这又是那时期社会方面一种剧烈的变动。

井田制度古代曾否实行，或仅为孟子的一种理想的经济制度，固尚待考定。但《诗·小雅·大田》已有“雨我公田，遂及我私”的话，《汉书·食货志》也说商鞅始“废井田，开阡陌”，似乎古代确曾有此种制度。我国古代，黄河流域开化最早，在人稀地广的大平原上，或有实行井田制的可能。但推想那时的井田制，似乎还不能有授田均产的良好办法，孟子所说不免夹杂些托古改制的理想。王夫之《读通鉴论》所谓“彼时卿大夫世有其禄，世有其田，世居其土，世治其助耕之氓，实与今之乡里豪族相类”，夏曾佑《中国古代史》所谓“古代土地为贵族所专有，而农夫皆附田之农奴”，或庶几近之。此种“农奴”、“助耕之氓”，除平时为贵族耕田，战时为贵族作战外，政治上、经济上皆毫无地位。及井田制度废除，贵族阶级崩溃，农奴乃得解放。其在政治方面活动者，则以匹夫而至卿相；其在经济方面自由竞争而获得胜利者，乃以庶人而致巨万之富。我们只须看《史记》的《货殖列传》、《汉书》的《食货志》，便可明白。我国从上古至周，已从渔猎、畜牧进而为农业经济时代。春秋中世，商人也渐渐抬起头来了。那时候，居南北交通枢纽的郑国，似乎得风气之先。子产对韩宣子，曾谓郑自桓公以后与商人世有盟誓，对他们不强贾、不丐夺（见《左传》昭公十六年）。而贩牛的商人弦高且能却秦存郑，在外交上建立殊勋。此后，“货殖屡中”的子贡也尝结驷连骑，与诸侯抗礼（见《史记·货殖列传》）。而吕不韦且以阳翟大贾，居公子异人为奇货而终握秦国的大权（见《史记》本传）。汉初，虽行重农抑商的政策，而经济的新秩序已定，富人阶级已取秦以前的贵族阶级之地位而代之，平民也安之若素，不能再以政治的权力勉强挽回了。《汉书·食货志》说：“其为编户齐民，同列而以财力相君，虽为仆虏，犹无愠色。”这种情形，较《诗·魏风·葛屦》之以“褊心”刺所谓“好人”，《伐檀》之以“素餐”刺“不稼不穑”、“不狩不猎”的富人，《小雅·正月》之叹“哿矣富人，哀此茕独”，已截然不同了。这是随政治变动而起的经济情形的剧变。

近人胡适的《中国古代哲学史大纲》把孔子、老子以前的二三百年（约自周宣王二十八年至敬王二十年），当做“中国哲学的怀胎时代”。并且说，参考《诗经》、《左传》、《国语》等书，那时代的情形是：

> 第一，这长期的战争，闹得国中的百姓死亡丧乱，流离失所，痛苦不堪。
>
> 第二，那时候诸侯互相侵略，灭国破家不计其数，古代封建制度的种种社会阶级都渐渐地消灭了，就是那些不

> 曾消灭的阶级，也渐渐的可以相交通了。
>
> 第三，封建时代的阶级虽然渐渐消灭了，却新添了一种生计上的阶级。那时社会渐渐成了一个贫富很不平均的社会，富贵的太富贵了，贫苦的太贫苦了。
>
> 第四，那时的政治，除了几国之外，大概都是很腐败、很黑暗的王朝的政治。

他认为这四种现象——一、战祸连年，百姓痛苦；二、社会阶级，渐渐消灭；三、生计现象，贫富不均；四、政治黑暗，百姓愁怨。——是“因”，由此发生的种种思想的反动是“果”。于是有所谓忧时派、厌世派、极天安命派、纵欲自恣派、激烈愤世派等“诗人时代”的思想，这些思想革命的种子发生出来，便成了老子、孔子的时代。

胡氏所举的四种情形，战祸连年、政治黑暗在我国历史上为常见的事实，不仅春秋初世如此；贵族阶级的消灭、贫富阶级的发生，恰和我上文所述社会、阶级、经济情形的剧变相同。但此种变动，从胡氏所说孔、老以前二三百年的时代，和封建制度的崩溃平行发展。一直要到西汉中世新秩序建立后方才平靖下来，并不限于胡氏所指的二三百年的“哲学怀胎时代”。一切事物的发生，各有其“因”和“缘”。譬如种植，种子是因，土壤、阳光、水分是缘；就所谓“缘”者分别，则土壤是种子所据以发生的凭借，而阳光、水分则是促进种子发生的力量。连年的战争、黑暗的政治，是促进诸子之学的刺激，是阳光、水分之类；封建制度、贵族阶级之崩溃，经济情形之剧变，是发生诸子之学的背景，是土壤之类，这些都只能认为诸子之学所以发生于此时期的“缘”。而其“因”、其种子，却是上古以来至周代始发达到相当程度的文化——学术思想。

有了种子，有了土壤，有了阳光和水分，植物便会自然地发生成长起来，可是还得有下种耕耘的农夫。诸子之学的发生，孔子便是那个下种耕耘的农夫。孔子以前，学在王官，学术为贵族所专有；孔子以后，学术方能普及于平民。钱玄同师序《中国学术思想论文集要》云：“此时（指东周初载以前）学术为贵族所专有，未尝普及于平民，其握学术之关键者，实为祝、史二职。祝掌天事，如鬼神、术数诸学；史掌人事，如政治、教育诸学。学既在官，则惟畴人子弟世守其业而已。”盖古代政治宗教不分，而所谓“君”者，在能“亿宁百神而柔和万民”（用胥臣语，见《国语·晋语》），故季梁云：“所谓道，忠于民而信于神也。上思利民，忠也；祝史正辞，信也。”（见《左传》桓公六年）师旷亦云：“夫君，神之主也，民之望也，”（见《左传》襄公十四年）而宫之奇之谏虞公，也以“民不和，神不享”为言（见《左传》僖公五年）；刘定公之评赵孟，亦有“神怒民叛，何以能久”的话（见《左传》昭公三年）。而古人所以测知天地鬼神之旨以推断人事祸福之法，则有所谓“术数”。据《汉书·艺文志》所叙术数凡六种，一曰天文，二曰历谱，三曰五行，四曰蓍龟，五曰杂占，六曰形法。如《左传》载晋史赵、郑裨灶预知岁在鹑火，陈国必亡（见昭公八、九两年），就是所谓“天文”。蓍用以筮，龟用以卜，卜筮之事见于《左传》者更多，《尚书·洪范》也已有“女则有大疑，谋及蓍龟”的话了。“杂占非一，而梦为大”（用《汉志》语），《周礼》有占梦之官，《左传》所记占梦之事也不少。“形法”则以相人之法为最著，《左传》所记有周内史叔服相人的故事，《荀子》中也有《非相》篇。至于“历谱”、“五行”，则在古代即已占重要的地位，《论语》引尧之命舜，有云“天之历数在尔躬”；《尚书·甘誓》记夏后启讨有扈氏，首责其“威侮五行”；《洪范》记箕子为武王陈治天下的大法，也历述五行之说。沟通神人的，则有巫觋与祝史。巫觋是一种民间的迷信的职业，祝史则是政府中的官职了。司马迁《报任安书》还说：“文史星历，近乎卜祝之间。”可见史也是和祝差不多的。史官既兼掌天人，又记历代兴亡成败的史实，故为政教未分、学在王官时的术渊学薮。老子为东周的守藏室史，孔子适周观书，还得去和他商量哩。抽著《史官为古代最高学府》一文（见《平话周报》第八期），就是详述这种事实的。

《汉书·艺文志》论诸子，每一派都指明它所从出的一个官，其说盖本于刘歆的《七略》。他以为“儒家者流，盖出于司徒之官”，“道家者流，盖出于史官”，“阴阳家者流，盖出于羲和之官”，“法家者流，盖出于理官”，“名家者流，盖出于礼官”，“墨家者流，盖出于清庙之守”，“纵横家者流，盖出于行人之官”，“杂家者流，盖出于议官”，“农家者流，盖出于农稷之官”，“小说家者流，盖出于稗官”，近人章炳麟治经宗古文，故笃信刘、斑之说。胡适作《诸子不出于王官论》则力矫之。柳翼谋《论近人治诸子学者之失》，于诸子出于王官一端，又申章而绌胡。平心而论，《汉志》所说某家出于某官固未免太牵强、太着痕迹（如谓小说家出于稗官，颜师古注：“稗官，小官。”盖无从牵合，而又以小说家为小道，故漫云出于稗官耳），但也不能一笔抹杀，谓古代王官定无学术可言，即使王官有学也绝对和诸子无关。因为古代世官世业，平民无所谓学问，其欲学者不得不给事官府，为之胥徒，甚且供洒扫。为仆役。故《礼记·曲礼》说“宦学事师”（“学”字一本作“御”，即谓为其仆御。孔子以私人教授，其弟子亦尚为其仆御，如“子适卫，冉有仆”、“樊迟御”等，载在《论语》尚可考见），《周官》也说“学古人官”，《说文解字》云：“仕，学也。”仕之所以得训为学者，正因古代宦学乃能事师，学古必须人官之故。《庄子·天下》篇有云：“古之所谓道术者果恶乎在？曰无乎不在。……百官以此相齿……其明而在数度者，旧法世传之史尚多有之。”此亦古代学在王官而史为学府之证。学术所以在官的原因有二，一因古代阶级制度极严，贵族世官，四民世业，故惟畴人子弟各以其类世传其学，且私人无著述、无教育，故非仕无由得学，无由受书。二因古代物质文明尚未发达，纸、笔、墨均未发明，以金版玉版、竹简木牍之类代纸，或以刀刻，或以竹梃黏漆书写，金玉昂贵、简牍繁重，刀刻漆书艰难，故成书不易，藏书不易，得书也不易。季札是吴公子，聘鲁始得闻《诗》；韩起是晋卿，聘鲁始得见《易》象与鲁《春秋》。贵族尚且如此，平民更可想而知了。及孔子出而始开私人著述、私人讲学之风，他又是抱“有教无类”（孔子语，见《论语·述而》）为宗旨的，收受学生不问贫富贵贱，而门徒又多。于是王官之学，散于民间，普及士庶了。这也是教育学术史上划时代的一种变动。风气既开，墨子、孟子、荀子等继起承其遗风，遂促成诸子勃兴的局面。

第二章

诸子的派别

第二章
诸子的派别

自春秋末年至西汉中世间勃兴的诸子，派别纷歧，宗旨不一。评述诸子派别之文，其能“见天地之纯，古人之大体”者，当首推《庄子·天下》篇。这篇文章，为研究诸子学者必须阅读的作品。首二句“天下之治方术者多矣，皆以其有为不可加矣”，是说当时诸子派别之多，且各以其道为最高。下文从“古之所谓道术者果恶乎在”至“其运无乎不在”，是说古之道术为诸子学说之渊源。下云“其明而在数度者，旧法世传之史尚多有之”，是说东周中世以前的旧学。又云：“其在于《诗》、《书》、《礼》、《乐》者，邹鲁之士、搢绅先生多能明之。《诗》以道志，《书》以道事，《礼》以道行，《乐》以道和，《易》以道阴阳，《春秋》以道名分。其数散于天下而设于中国者，百家之学时或称而道之。”所谓“邹鲁之士、搢绅先生”，即指孔、孟儒家；所谓“百家之学”，则指道、墨、名、法诸家。又云：“天下大乱，贤圣不明，道德不一，天下多得一察焉以自好。譬如耳目鼻口，皆有所明，不能相通；犹百家众技也，皆有所长，时有所用。虽然，不该不遍，一曲之士也。判天地之美，析万物之理，察古人之全，寡能备于天地之美，称神明之容。

是故内圣外王之道，暗而不明，郁而不发，天下之人各为其所欲焉以自为方。悲夫，百家往而不反，必不合矣！后世之学者，不幸不见天地之纯、古人之大体，道术将为天下裂。”以上为全篇的总论。他以“道术”为古代学术的总称，即所谓“古人之大体”，而“百官以此相齿”、“旧法世传之史”，可见东周中世以前学在王官，由所谓“史”者世世传之。儒家能明六艺以教人，在诸子中为最早。及道术分裂，于是百家纷起，各“得一察焉以自好”，各有所长、各有所用而“不该不遍”，这就是首句所说的“方术”了。以下便分论各派，每派皆云“古之道术有在于是者，某某闻其风而说之”。自“不侈于后世”句起，至“才士也夫”，评述墨翟、禽滑厘一派；自“不累于俗”句起，至“其行适至是而止”，评述宋钘、尹文一派；自“公而不当”句起，至“虽然，概乎皆尝有闻者也”，评述彭蒙、田骈、慎到一派；自“以本为精”句起，至“古之博大真人哉”，评述关尹、老聃一派；自“芴漠无形”句起，至“芒乎昧乎，未之尽者”，评述庄周一派；自“惠施多方”句起，至篇末“是穷响以声，形与影竞走也，悲夫”，评述惠施一派。这篇文章评述诸子，惟举其人以为标，尚无儒、道等家数之名。如以后来所称家数别之，则墨翟、禽滑厘与宋妍、尹文皆为墨家，彭蒙、田骈、慎到为法家，关尹、老聃与庄周皆为道家，惠施为名家，加上首段所谓“邹、鲁之士”的儒家，共为五家。他于墨、法、名三家各有微辞，惟儒、道二家无贬语，于道家之庄周尤赞扬备至，故此篇是庄子自作抑系后人附入，尚无定论。最可注意的，是把儒家．特别提出，叙入总论中，不与治方术的百家并列。可见诸子的起来当以儒家为最早，由古代王官之学变为私家之学其枢纽全在孔子了。读者欲知其详，得把《天下》篇细细阅读一过，方能了然。

《孟子》中也有评论诸子的话，如《滕文公》篇有为神农之言章驳陈相所信的农家许行“君臣并耕”的主张，墨者夷之章因徐辟评墨家夷之，公孙衍张仪章答景春之问评纵横家公孙衍和张仪，好辩章答公都子之问而辟杨、墨的“为我”和“兼爱”，陈仲子章评廉士陈仲子，但都是散见于各篇的。《荀子·非十二子》篇所批评的共有十二人，以二人为一组，各加一段批评。它嚣、魏牟为一组，陈仲、史鳝为一组，墨翟、宋钘为一组，慎到、田骈为一组，惠施、邓析为一组，子思、孟轲为一组（《韩诗外传》亦录此文，但仅有十子而无子思、孟轲），篇末又附论子张氏、子夏氏、子游氏之贱儒。《韩非子》则《显学》篇论儒、墨二家，以为孔子之后儒分为八，“子张、子思、颜氏、孟氏、漆雕氏、仲良氏、孙氏、乐正氏”；墨子之后墨离为三，“相里氏、相夫氏、邓陵氏”。《定法》篇论法家，以为申不害言术而无法，商鞅言法而无术，且于术于法各有未尽。这些评论，虽未能如《庄子·天下》篇之赅遍，亦足供参考之资。

西汉初，淮南王刘安集门客著书，号曰“淮南鸿烈”，即现存的《淮南子》。中有《要略》一篇，本是自序，也曾论诸子之学发生的原因。他以为诸子之学皆起于救世之弊，故有殷周之争而太公之谋生，有周公之遗训而儒者之学兴，有孔子之礼文过于烦扰，厚葬靡财贫民、久服丧生害事而墨子之教起，有齐国之地势、桓公之霸业而管仲之书作，有景公之弊政而晏子之谏生，有战国之纷争而纵横修短之术出，有韩国“新故相反，前后相缪’之法令而申子刑名之书作，有秦孝公之图强而商鞅之法生。他的作意，只在以此作陪来反衬出自己的书之所以可贵，在能“通古今之事”、“合三五之变”，可以“统天下，理万物，应变化，通殊类”，“而不与世推移”，而且并未把诸子之学的短长批评论述，所以价值也不能超过《庄子》的《天下》篇。

司马迁的《太史公自序》中，引其父谈论六家要旨之言，始明白标举家数的名称。首段为总论，次则分别详论阴阳、儒、名、法、道德六家，次复就所论分别解说，倒是一段简明扼要的评论。现在把他的总论、分论，节录如下：

> 《易大传》:“天下一致而百虑，同归而殊涂。”夫阴阳、儒、墨、名、法、道德，此务为治者也，直所从言之异路，有省有不省耳。
>
> 尝窃观阴阳之术，大祥而众忌讳，使人拘而多所畏，然其序四时之大顺，不可失也。

儒者博而寡要，劳而少功，是以其事难尽从，然其序君臣父子之礼、列夫妇长幼之别，不可易也。

墨者俭而难遵，是以其事不可遍循，然其强本节用，不可废也。

法家严而少恩，然其正君臣上下之分，不可改也。

名家使人俭而善失真，然其正名实，不可不察也。

道家使人精神专一，动合无形，赡足万物，其为术也，因阴阳之大顺，采儒墨之善，撮名法之要，与时迁移，因物变化，立俗施事，无所不宜，指约而易操，事少而功多。儒者则不然，以为人主天下之仪表也，主倡而臣和，主先而臣随，如此则主劳而臣逸。至于大道之要，去健羡，绌聪明，释此而任术。夫神大用则竭，形大劳则敝。形神骚动，欲与天地长久，非所闻也。

以上所录，是司马谈论六家要旨的前半段，后半段是就这段文章加以说明的。读者如欲阅读全篇，可以检看《史记》原文，不再引了。司马谈论阴阳、儒、墨、名、法五家，认为各有短长，于道家则推崇独至，即此可以看出他的信仰。

班固的《汉书·艺文志》，则又于六家之外加了纵横、杂、农、小说四家而成十家。兹略其著录的书目，录其评述十家之言于下：

儒家者流，盖出于司徒之官，助人君顺阴阳、明教化者也。游文于六经之中，留意于仁义之际，祖述尧、舜，宪章文、武，宗师仲尼，以重其言，于道最为高。孔子曰："如有所誉，其有所试。"唐、虞之隆，殷、周之盛，仲尼之业已试之效者也。然惑者既失精微，而辟者又随时抑扬，违离道本，苟以哗众取宠，后进循之，是以五经乖析，儒学寖衰，此辟儒之患。

道家者流，盖出于史官。历记成败存亡、祸福古今之道，然后知秉要执本，清虚以自守，卑弱以自持，此人君南面之术也。合于尧之克让，《易》之谦谦，一谦而四益，此其所长也。及放者为之，则欲绝去礼学，兼弃仁义，曰独任清虚可以为治。

阴阳家者流，盖出于羲和之官。敬顺昊天，历象日月星辰，敬授民时，此其所长也。及拘者为之，则牵于禁忌，泥于小数，舍人事而任鬼神。

法家者流，盖出于理官。信赏必罚，以辅礼制，《易》曰"先王以明罚饬法"，此其所长也。及刻者为之，则无教化、去仁爱，专任刑法而欲以致治，至于残害至亲、伤恩薄厚。

名家者流，盖出于礼官。古者名位不同，礼亦异数，孔子曰"必也正名乎，名不正则言不顺，言不顺则事不成"，此其所长也。及謷者为之，则苟钩鈲析乱而已。

墨家者流，盖出于清庙之守。茅屋采椽，是以贵俭；养三老五更，是以兼爱；选士大射，是以上贤；宗祀严父，是以右鬼；顺四时而行，是以非命；以孝视天下，是以上同，此其所长也。及蔽者为之，见俭之利，因以非礼，推兼爱之意而不知别亲疏。

纵横家者流，盖出于行人之官。孔子曰："诵《诗》三百，使于四方，不能专对，亦奚以为？"又曰："使乎，使乎！"言其当权亭制宜，受命而不受辞，此其所长也。及邪人为之，则上诈谖而弃其信。

杂家者流，盖出于议官。兼儒、墨，合名、法，知国体之有此，见王治之无不贯，此其所长也。及荡者为之，则漫羡而无所归心。

农家者流，盖出于农稷之官。播百谷、劝耕桑以足衣食，故八政一曰食、二曰货，孔子曰"所重民食"，此其所长也。及鄙者为之，以为无所事圣王，欲使君臣并耕，悖上下之序。

小说家者流，盖出于稗官，街谈巷语、道听途说者之所造也。孔子曰："虽小道，必有可观者焉，致远恐泥，是以君子弗为也。"然亦弗灭也。闾里小知者之所及，亦使缀而不忘，如或一言可采，此亦刍荛狂夫之议也。

以上所录，是班氏分别评述诸子十家的议论，后面还有一段总论说：

> 诸子十家，其可观者九家而已。皆起于王道既微，诸侯力政，时君世主好恶殊方，是以九家之术蜂出并作，各引一端，崇其所善，以此驰说，取合诸侯。其言虽殊，譬犹永火，相灭亦相生也；仁之与义、敬之与和，相反而皆相成也。《易》曰："天下同归而殊涂，一致而百虑。"今异家者各推所长，穷知究虑，以明其指，虽有蔽短，合其要归，亦六经之支与流裔。使其人遭明王圣主，得其所折中，皆股肱之材已。仲尼有言："礼失而求诸野。"方今去圣久远，道术缺废，无所更索，彼九家者不犹愈于野乎？若能修六艺之术而观此九家之言，舍短取长，则可以通万方之略矣。

班氏的《艺文志》是根据刘歆《七略》的，所以他论诸子，大概也采取刘歆的主张。他所叙诸子凡十家，而以小说家为"小道"，以为"其可观者九家而已"。他分叙十家，每段第一句皆云某某家者流，——流即是派——故十家除了小说家，又叫做"九流"。十家中，除纵横、杂、农、小说四家为刘、班所增入外，其余六家与司马谈所论者同。我们可以把司马谈的话和刘、班二氏的话作一比较。他们两方都引《易·系辞》"同归殊涂，一致百虑"的话，但司马谈所谓"同归一致"者，指诸子的目的同在“务为治”，所以“百虑殊涂”者，因“所从言之异路，有省有不省”；刘，班则以为“合其要归，亦六经之支与流裔”，这是十家九流的“同归一致”，而其所以“殊涂百虑”，则因“时君世主好恶殊方”，九家各引一端，旨在“取合诸侯”。虽两方所见不同，也各持之有故，言之成理。两方最大的差异是，司马谈推崇道家，以为能“因阴阳之大顺，采儒墨之善，撮名法之要”；刘、班崇尚儒家，以为“于道最为高”，而九流之要归皆“六经之支与流裔”。司马谈推崇道家，和《庄子·天下》篇之旨相同；刘、班以九流为“六经之支与流裔”，也和《天下》篇列“邹鲁之士、搢绅先生”于总论，不与道术分裂为方术之后的四派平列，而于“邹鲁之士……”一段中叙六艺之用，意正相同。司马谈于六家各举其所长所短，刘、班亦然，惟于各家所短，似认为末流之弊，如于儒家则云“此辟儒之患”，于道家则云“及放者为之”，于阴阳家则云“及拘者为之”，于法家则云“及刻者为之”，于名家则云“及謷者为之”，于墨家则云“及蔽者为之”，于纵横家则云“及邪人为之”，于杂家则云“及荡者为之”，于农家则云“及鄙者为之”。诚然，无论什么学派都不能免末流之弊，但《汉志》所评诸家的缺点，有的原为它们本身所具有，甚至于正是这一派的特点，刘、班以儒家的眼光去衡量，所以各派的特点也被认为它们的短处了，以它们的短处为末流之弊，在刘、班或许还是恕辞哩！这一点看似小节，无足重轻，但较之《庄子·天下》篇、司马谈论六家就各派本身评其短长，则已迥不相同。

总上所述，《庄子·天下》篇所评骘的五组、司马谈所论的六家、《汉志》所列的十家，可以包括诸子的派别，兹列表总括之如下：

<table>
<tr><td rowspan="11">诸子十家</td><td colspan="2">《汉志》所列</td><td>司马谈所论</td><td>《天下》篇所评述</td></tr>
<tr><td rowspan="9">九流</td><td>（1）儒</td><td>（2）儒</td><td>“邹鲁之士、搢绅先生”</td></tr>
<tr><td>（2）道</td><td>（6）道</td><td>（4）关尹、老聃　（5）庄周</td></tr>
<tr><td>（3）阴阳</td><td>（1）阴阳</td><td>“旧法世传之史”</td></tr>
<tr><td>（4）法</td><td>（4）法</td><td>（3）彭蒙、田骈、慎到</td></tr>
<tr><td>（5）名</td><td>（5）名</td><td>（6）惠施</td></tr>
<tr><td>（6）墨</td><td>（3）墨</td><td>（1）墨翟，禽滑厘　（2）宋钘、尹文</td></tr>
<tr><td>（7）纵横</td><td colspan="2" rowspan="4">（此四家为刘、班所增）</td></tr>
<tr><td>（8）杂</td></tr>
<tr><td>（9）农</td></tr>
<tr><td colspan="2">（10）小说</td></tr>
</table>

［注］（一）“小说”虽列十家之内，不在九流之列。

（二）各家上所加数字，指《汉书·艺文志》、《太史公自序》及《庄子·天下》箱原文中所列次序。

（三）《天下》篇所评六组，仅举代表人物，并未标举各家的名称。且于同属墨家的墨翟、禽滑厘与宋钘、尹文，同屑道家的关尹、老聃与庄周，各分二组，今仍于同栏中分列之。

（四）《天下》篇评骘六组人物学说时，不及阴阳及儒二家之人物，惟总论中所谓“邹鲁之士”云云明指儒家；阴阳为东周中世以前政治、宗教未分时之旧学，掌于祝史之流，篇中所谓“旧法世传之史”者庶几近之。

（五）纵横、杂、农、小说四家，司马谈及《天下》篇均未论及。

第三章

各派的价值及其关系

第三章
各派的价值及其关系

诸子的派别，所谓“十家九流”既如上述，我们在分别评述之前，不得不把各派的价值及其相互的关系先撮述大概，使读者得一轮廓。

所谓“十家”，在我国学术史上不见得有同等的价值，是大家公认的事实。钱玄同师序《中国学术论文集要》中有一段总论诸子的话颇可参考，兹摘录于下：

> 阴阳即东周中叶以前之旧学，纵横乃一时致用之术，小说为历史之支流。杂家之书，传于今者有《吕氏春秋》及《淮南子》，二书皆成于众人之手，盖集合百氏之说，初无宗旨可言。其他，则农家之许行，嫉当世君民以名义之殊异，而生“治人”、“治于人”之阶级，因创为“并耕”之说，欲举尊卑、贫富、劳逸之不齐者而一归于平等，与《庄子·马蹄》、《胠箧》诸篇同一义旨，是农家实道家这一派也。李耳、庄周掊击圣人，绝仁弃义。法家乘其流，不务归于“至德”而一任刑法，其极惨礉少恩，司马迁谓申、韩皆原于道德之意，是法家出于道家也。晋鲁胜《墨辩注

序》曰："墨子著书，作《辩经》以立名本，惠施、公孙龙祖述其学，以正别名显于世。"是名家出于墨家也。准此所言，十家之中，其能卓然自立者，厥惟道、儒、墨三家而已。

钱师认为十家中惟道、儒、墨三家卓然有以自立，价值最高，其论甚确。《汉志》所录阴阳家言凡二十三种，今已亡佚，无从评述，要其大旨，不外星象、历数、五德终始之说。其长在敬授人时，"序四时之大顺"；其短在"牵于禁忌"，"舍人事，任鬼神"，"使人拘而多所畏"，这还是政治、宗教未分时的旧说。《天下》篇所谓"旧法世传之史"者，不是东周中世以后新创的学派，只有附见《史记·孟子荀卿列传》中的邹衍"大九州"之说，才可算是这一家的特别的见解。纵横家者，指战国时主张合纵、连横的游说之士。那时秦国雄据于西，六国分峙于东，缔南北之交，合六国以西向拒秦，谓之"合纵"；缔东西之交，使六国联欢于秦，谓之"连横"。这是苏秦，张仪等政客的纵横捭阖之策，用之于一时者，并无学术思想可言。小说家言，虽《汉志》所录之书均亡佚，但如《周考》、《青史子》、《周纪》、《周说》等，观其命名，似即后世外史、杂记之类，故曰"为历史之支流"。至于其中的《宋子》一书，其作者《孟子》谓之宋轻，《庄子》谓之宋钘、宋荣子，其人主"见侮不屏"、"非攻寝兵"，与墨子相近，故《天下》篇以与尹文并论，而“孙卿道宋子，其言黄老意”（见《汉志》自注），则又近于道家。此人为小说家中杰出人才，而其学说则在道、墨二家之间。《吕氏春秋》旧题秦相吕不韦撰，《淮南子》旧题汉淮南王刘安撰，实则皆集其门客所作而成。因系出于众人之手，集合百家之说，故无一定之宗旨，名之曰“杂”，可谓名实相符。但学必专门乃可名家，既名曰“杂”，便不得称之为“家”了。许行“君民并耕”之说，略见《孟子·滕文公》篇有为神农之言章，他不赞成有“治人”和“治于人”的阶级，以国君之有仓廪府库为“厉民自养”，主张君民“并耕而食，饔飧而治”，颇有近世“泛劳动主义”的色彩，与道家理想中的“至德之世”也颇相像，故钱师认为是道家的一派。许行之书不见于《汉志》，但确可代表农家中理想最高的一派。《史记》合道家之老庄、法家之申韩于一传，而认为“申、韩皆原于道德之意”。今《韩非子》中尚有《解老》、《喻老》之篇，其深有得于《老子》可知。道家“秉要执本”，故能以静驭动，以柔制刚，以简御繁，无为而无不为，《汉志》称它为“君人南面之术”。法家的申不害所言之“术”，即道家“君人南面之术”，韩非亦认为“法”与“术”当并重而不可偏发，所以法家和道家的关系确是很密切的。法家的代表人物要算申不害、商鞅、韩非和李斯，而韩非、李斯又都是儒家大师荀子的学生。荀子主张“性恶”，故须以礼矫正之，“礼施未然之先，法禁已然之后”，虽步骤有先后，而其防禁人民之为非、矫正人性之恶的作用则同。所以一方面儒家的荀子受了法家的影响，一方面又由儒家的荀子降而为法家的韩非、李斯。《老子》有言："失道而后德，失德而后仁，失仁而后义，失义而后礼。礼者忠信之薄，乱之首。"老子言道德，孔子言仁，孟子并言义，荀子则重礼，荀子的弟子韩非、李斯乃流而为法家，似乎恰合《老子》所云，一蟹不如一蟹地陵夷下来。则法家不但和道家有关，和儒家也有直接的关系了。鲁胜所谓"墨辩"，指《墨子》中《经》上下、《经说》上下、《大取》、《小取》六篇而言。名家和墨家有关，原是事实。其实，所谓名学，本是各家所共用的辩证法，和印度的因明、西洋的逻辑差不多。如儒家，孔子有"正名"的主张，《荀子》有《正名》篇；道家虽然主张"无名"，而《庄子》的《齐物论》也在用他的辩证法；法家综核名实，当然注重所谓"名学"，而名家之邓析亦长于刑名；就是阴阳家的邹衍、邹奭，既以"谈天"、"雕龙"之辩著称，其长于名学辩论亦可想而知。名学既为各派辩论的工具，则名家之不当独立成家，自不言而喻，不过惠施、公孙龙等特以辩论著名而已。——阴阳为旧学，其本身亦无甚价值；纵横为政客们一时的策略，根本无所谓学术思想；小说，除《宋子》外，大致为外史、杂记等书，不但不足以言学术，且去近世纯文艺的小说亦远，而宋子的思想则与道、墨二家相近；杂家，无固定的特殊的宗旨；农家，除旨近道家、不见录于《汉志》的许行外，思想学术亦无足称；名家辩论之术，各派均有之，亦不足以独立成为一家。故十家中以道、儒、墨三家的价值为最高。法家虽受道、儒二家的影响，而其思想却有独到之见，故道、儒、墨三家外，当以它为最有价值。

我所以说法家的思想有独到之见者，因为诸子都“托古改制”，而法家则主张“变古改制”。第一章里已经说过，诸子勃兴的时候，正是我国政治、社会、经济等各方面变动剧烈的时期，旧制度、旧社会乃至旧有的一切学术文化都已发现根本的动摇，日在崩溃中，连绵的战祸、黑暗的政治，又使人民受到极度的痛苦，热心救世的才智之士自然各思提出其主张，欲改革政治、社会、经济等制度，以期挽此浩劫，这就是所谓“改制”。要实现个人的理想以改革当时的制度，非先得民众的信仰不可，但是“世俗之人多贵古而贱今，故为道者必托之于黄帝、神农而后能人说”（用《淮南子·修务训》中语），故诸子的改制多托之于古。如儒家孔子的“祖述尧、舜，宪章文、武”（见《礼记·中庸》），《孟子》的“言必称尧、舜”（见《孟子·滕文公》），道家之依托黄帝（《汉志》道家有《黄帝四经》、《黄帝铭》、《黄帝君臣》、《杂黄帝》，而汉代人常言有所谓“黄老”之学），墨子之“背周道，用夏政”（用《淮南子·要略》语），农家许行之为神农之言（见《孟子·滕文公》），杂家之《孔甲盘盂》、《大禹》，小说家之《伊尹说》、《鬻子说》，《汉志》自注亦明言其出于“依托”。《韩非子·显学》云：“孔子、墨子俱道尧、舜而取舍不同，皆自谓真尧、舜。尧、舜不复生，将谁使定儒、墨之诚乎？”可谓一针见血之论。孔子道尧、舜，取他们的禅让，因为这最合于他“天下为公，选贤与能”的理想政治（见《礼记·礼运》）；墨子道尧、舜，则取他们的茅茨土阶，饭土簋，啜土硎，因为这些最合于他“节用”的主张。其实尧之让舜、舜之让禹，安知不和后世曹氏的代汉、司马氏的代魏一样（刘知几《史通·疑古》篇即有此说），而尧、舜之俭，正因那时物质文明尚未发达之故。——所以“改制”是诸子的目的，“托古”不过是他们的手段。至于法家，则认为“治世不一道，便国不法古，故汤、武不循古而王，夏、殷不易礼而亡”，“是以圣人苟可以强国，不法其故”，直截痛快地提出他们改制变法的主张，不复依托古圣了。“托古改制”以复古为招牌而实现其革新的目的，原是诸子的孤诣苦心，而世俗之人本“贵古贱今”，不悟“托古改制”之意，反认所托之古为古史之真，于是造成一种“是古非今”的传统观念。直到现在，还有许多学人相信尧、舜为我国古时的黄金时代，从此以后，帝降为王，王降为霸，霸降为雄，三代以上既是这般退步，三代以下更不如三代之前，这种退化的历史观所以造成，当非“托古改制”的诸子始料所及！只有法家能大胆提出自己的主张，不再婆婆妈妈地依托古人，这不是他们的独到之见吗？可是法家的被人攻击，除严刑峻法、惨刻寡恩之外，也以此为一焦点。

各派的关系，除上文曾就钱师所说略加引证外，道、儒，墨三家也有他们直接、间接的关系。《史记·老子韩非列传》云：

孔子适周，将问礼于老子。老子曰："子所言者，其人与骨皆已朽矣，独其言在耳。且君子得其时则驾，不得其时则蓬累而行。吾闻之，良贾深藏若虚，君子盛德容貌若愚。去子之骄气与多欲、态色与淫志，是皆无益于子之身。吾所以告子者，若是而已。"孔子去，谓弟子曰："鸟，吾知其能飞；鱼，吾知其能游；兽，吾知其能走。走者可以为罔（同'网'），游者可以为纶，飞者可以为矰，至于龙，吾不能知其乘风云而上天。吾今日见老子，其犹龙邪？"

《孔子世家》中也有关于此事的记载：

孔子适周问礼，盖见老子云。辞去，而老子送之曰："吾闻富贵者送人以财，仁人者送人以言。吾不能富贵，窃仁人之号，送子以言曰：'聪明深察而近于死者，好议人者也；博辩广大[而]危其身者，发人之恶者也。为人子者毋以有己，为人臣者毋以有己。'"孔子自周反于鲁，弟子稍益进焉。

孔子见老子事亦见于《大戴礼记》，可见儒家与道家有直接的关系了。《淮南子·要略》云："墨子学儒者之业，受孔子之术，以为其礼烦扰而不说，厚葬靡财而贫民，久服丧生而害事，故背周道而用夏政。"据孙诒让《墨子传略》，考定他为鲁国人，《墨子年表序》考定墨子上距孔子之卒几及百年，汪中《墨子序》则云"其年于孔子差后，或犹及见孔子"。胡适《中国古代哲学史大纲》主张从汪中说，定墨子生时约当孔子五六十岁之间。墨子既是鲁人，又生当孔门最盛之时，其曾"学儒者之业，受孔子之术"亦意中事。他是受了儒家的影响而发生反对儒家的思想，自创新学派的。所以墨家和儒家，即使退一步说，没有直接的关系，也曾受到间接的、相反的影响。《汉志》列入名家的惠施，和道家的庄周是极要好的朋友。他们两人的关系，见于《庄子》的，如濠梁观鱼的故事，如鸱食腐鼠而吓鹓雏的讥刺，如郢人匠石的寓言，是大家所习闻的。他们两人也不能说没有关系。所以除阴阳家、纵横家外，其余八家莫不各有其相互的关系，他们的关系或直接、或间接，或相承、或相反，虽不一律，但总不能一笔抹杀，说各派之间绝无关系啊！

第四章

儒家（一）——孔子

第四章
儒家（一）——孔子

《周礼》天官太宰“以九两系邦国之民”，“三曰师，以贤得民；四曰儒，以道得民”，注云：“师，诸侯师氏，有德行以教民者；儒，诸侯保氏，有六艺以教民者。”地官司徒“以本俗六安民’，“四曰联师儒”。是师、儒二者本相关联，有德行、道艺能教人者，乃足以当“师”、“儒”之名。孔子开私人讲学之创局，以德行道艺为多士之师，故以“儒”称之。《汉志》所以有“儒家者流，盖出于司徒之官”之说，殆亦以司徒掌教，古代已有此制（舜命契为司徒，“敬敷五教”，见《尚书·帝典》），而孔子之讲学授徒，恰以私人行司徒师儒之教的缘故。孔子之后，儒乃成为学派之名，如《孟子》云：“逃墨必归于杨，逃杨必归于儒。”又云：“杨、墨之道不息，孔子之道不著。”合此二语以观，则儒即孔子之道，与杨、墨并举，已为学派之名了。《韩非子·显学》云：“今之显学，儒、墨也。”亦以儒、墨对举。但所谓“儒”者亦自有优劣，故孔子谓子夏，已有“女为君子儒，毋为小人儒”之语（《论语·雍也》），《荀子·儒效》篇举“大儒”、“雅儒”、“俗儒”而论其效，《劝学》篇又有“陋儒”、“散儒”，《非相》篇有“腐儒”，《非十二子》

篇称子张氏、子夏氏、子游氏为“贱儒”，《礼记·儒行》篇记孔子答哀公，所历举之儒行亦有十二等。盖学派既盛，希声附和者日众，自孔子之后，儒分为八（用《显学》篇语），各相非难，故其支派等级亦至多，而要皆以孔子为宗。至于《说文解字》谓“儒”为术士之称，似系秦汉儒家与方士混合以后之语（秦始皇坑儒，所坑皆方士，见《史记·秦始皇本纪》。《汉书·司马相如传》所谓“列仙之儒”，亦指此辈）。《史记》、《汉书》、《后汉书》各有《儒林传》，而所载皆笃守师说、致力于章句训诂之经生，此又两汉经学极盛时之特殊现象，亦不足概括以孔子为宗师之儒。儒以德行道艺教人，故《汉志》说它“游文于六艺之中，留意于仁义之际”。儒以孔子为开祖，而孔子又自托于尧、舜、文、武之道，故《汉志》说儒家“祖述尧、舜，宪章文、武，宗师仲尼”，《庄子·天下》篇亦于“邹鲁之士、搢绅先生”一节述六艺之用，可见儒家之重视六艺。汉世之儒则专致力于六艺之章句训诂了，故司马谈云：“夫儒者以六艺为法，六艺经传以千万数，累世不能通其学，当年不能究其礼，故曰‘博而寡要，劳而少功’。”但此类儒者，正是《汉志》所谓“惑者既失精微”的一派，并非儒家始祖的孔子即有此失。至于《汉志》所谓“随时抑扬，违离道本，苟以哗众取宠”的“辟儒”，那又是“曲学阿世”的公孙弘之类了。这些“俗儒”、“陋儒”、“腐儒”、“辟儒”以及方士、经生等，决不能与孔、孟、荀诸大儒混为一谈。我以为要明了儒家的真相，当先认识孔子。

孔子，名丘，字仲尼（他的父亲孔纥字叔梁，和他的母亲颜徵在，祷于尼丘山而生孔子，故名丘，字仲尼），鲁陬邑昌平乡阙里人。生于周灵王二十一年（前551），死于周敬王四十一年（前479）。他的祖先本是宋国的贵族，宋襄公的儿子弗父何让国于其弟厉公，五传至孔父嘉，“别为公族，姓孔氏”，又三传至孔防叔，畏华氏之逼而奔鲁，便成为鲁国的平民了。叔梁纥是防叔之孙。孔子少孤，所以后来葬他母亲时，曾有小小的波折。《礼记·檀弓》记此事云：

> 孔子少孤，不知其墓，殡于五父之衢，人之见之者皆以为葬也。其慎也。盖殡也，问于陬曼父之母，然后得合葬于防。

《史记·孔子世家》中也记这件事云：

> 丘生而叔梁纥死，葬于防山。防山在鲁东，由是孔子疑其父墓处，母讳之也。……孔子母死，乃殡五父之衢，盖其慎也。陬人挽父之母诲孔子父墓，然后往合葬于防焉。孔子要绖。

近人因《史记》上文有“纥与颜氏女野合而生孔子”的话，妄生揣度，以为孔子虽少孤，何至不知父墓所在？或者是他们孔家的族人以为颜氏不是叔梁纥正式的配偶，发生阻挠合葬之议，亦未可知。按古时谓不合礼为“野”，故司马贞《史记索隐》据《孔子家语》，以为“野合”者指纥老而颜氏少，不合壮室初笄之礼。《家语》说纥有妻施氏，生九女，有妾生子孟皮而病足，又娶颜氏少女徵在。则颜氏或系老夫少妻的继室，或竟系少妾，或娶时不曾举行正式的仪式，自是可能的事。至于颜氏葬时，孔子不知其父墓者，并非不知他父亲的坟墓所在，是不知道他父亲的墓究竟是殡是葬。如其是浮厝的殡，便可发墓合葬；否则，已葬了多年，就不便再把它发掘开来。所以为慎重起见，暂把颜氏之柩浮厝于五父之衢。“曼父”即“挽父”，是料理葬事的人。孔子问于挽父之母，晓得他父亲的墓确还是浮厝着的，才发墓合葬他的母亲。这虽是一件小事，已可见他少年时做事的谨慎了。末句“孔子要绖”，一般多属下文，实当连这一段读。“要”同“腰”。“腰绖”，是指孔子葬其母时的丧服。《史记》下文记孔子年十七时，季氏飨士，孔子与往，被阳虎所斥而退。如连下文，则季氏飨士，孔子穿了丧服前往，未免太不近人情。因为孔子既是平民，又尚年少，故阳虎直以“季氏飨士，非敢飨子”斥之。此事虽更似无足重轻，但孔子年少时之不为人所重视，与孔家在鲁之毫无地位，已可概见。所以他曾为贫而仕，为委吏、为乘田（见《孟子》及《史记》），而其适周观书问礼，尚须借南宫敬叔之力，始得鲁君资遣（亦见《史记》)。孔子出身孤寒，卒因他自己的努力而成一大名鼎鼎的学者，可见环境决不能限制人们的向上发展，这正是青年学子可引以鼓励自己之绝好的先例!

孔子的政治活动，自鲁定公时为中都宰起，由中都宰累官至司寇。他在外交方面，曾相定公会齐景公于夹谷，以外交的胜利，使齐归所侵汶阳、龟阴之田；在内政方面，因为主张削世卿之势（孔子讥世卿，见《公羊传》）以强公室，而堕三家（孟孙、叔孙、季孙）之都，且有商不饰价、道不拾遗之治。可惜季桓子与定公中了齐人之计，受了女乐，怠于政事，于是他不得不去父母之邦而周游列国了。他周游时，曾遭遇许多苦难。过匡时，颜刻为仆，他扬鞭指匡城坍塌处道："从前我随阳虎伐匡，正从此处攻人。"孔子的面貌本有些儿像阳虎的，匡人以为阳虎又来了，便围住他们师生。子路弹剑而歌，孔子和之。匡人听到歌声，方悟不是阳虎，解围而去。《论语》记子畏于匡，颜渊后，孔子有"吾以汝为死矣'之言，匡人围攻之急，也可想而知。其后过宋，与弟子习礼大树下，司马桓魋欲杀孔子，拔其树。《孟子》记此事，有"微服过宋"的话，可见桓魋厄之之甚。及适郑，与弟子相失，独立东门，弟子们正在找他，有郑人告诉他们："东门有人……累累若丧家之狗。"子贡以告，孔子欣然笑道："谓似丧家之狗，然哉，然哉!"又尝绝粮于陈、蔡之间，从者甚至病莫能兴。他如问津则长沮有"是知津矣"的揄揶（《论语·微子》："长沮、桀溺耦而耕，孔子过之，使子路问津焉。长沮曰：‘夫执舆者为谁？’子路曰：‘为孔丘。’曰：‘是鲁孔丘与？’曰：‘是也。’曰：‘是知津矣！’……”），击磬则荷蒉者有“鄙哉，硁硁乎”的讽刺（《论语·宪问》：“子击磬于卫，有荷蒉而过孔氏之门者，曰：‘有心哉，击磬乎！’既而曰：‘鄙哉，硁轻乎！莫已知也，斯已而已矣，深则厉，浅则揭。’……”），荷某丈人则斥其“四体不勤，五谷不分”（《论语·微子》：“子路从而后，遇丈人，以杖荷蓧。子路问曰：‘子见夫子乎？’丈人曰：‘四体不勤，五谷不分，孰为夫子？’植其杖而耘。……”），楚狂接舆则讥其“何德之衰”（《论语·微子》：“楚狂接舆歌而过孔子曰：‘凤兮凤兮，何德之衰？往者不可谏，来者犹可追。已而已而，今之从政者殆而！’……”）。他这样栖栖皇皇地奔走了几十年，终于不能在任何诸侯国的政治舞台上占一地位，仍旧回到鲁国，所以有欲赴公山弗扰和佛肸之召的传说。其实，这两件都是莫须有的事，《论语》、《史记》都把它们记载下来，真是误人不浅（《论语·阳货》：“公山弗扰以费畔，召，子欲往。子路不悦，曰：‘末之也已，何必公山氏之之也？’子曰：‘夫召我者而岂徒哉？如有用我者，吾其为东周乎！’”“佛肸召，子欲往。子路曰：‘昔者由也闻诸夫子曰：“亲于其身为不善者，君子不入也。”佛肸以中牟叛，子之往也，如之何？’子曰：‘然，有是言也。不曰坚乎磨而不磷，不曰白乎涅而不淄。吾岂匏瓜也哉？焉能系而不食！’”按《左传》，公山氏之以费叛，正因反对孔子堕费，孔子正命申句须、乐颀伐之，决无召孔子之理。《韩诗外传》言佛肸以中牟叛在赵襄子时，远在孔子卒后，更渺不相涉）。孔子所以席不暇暖地远涉各邦，并非热中干禄，妄冀不义的富贵，却是抱着一片救世的热肠。晨门者所谓“知其不可而为之”，最足以表示他老人家救世的精神。（《论语·宪问》：“子路宿于石门，晨门曰：‘奚自？’子路曰：‘自孔氏。’曰：“是知其不可而为之者与？’”）但是当时的国君竟没有能用他的，所以他在政治方面终无以自见。

孔子自卫返鲁之后，乃改变方针，从事于著述，礼、乐、《诗》、《书》都曾下过一番工夫；又据鲁史而作《春秋》，以文字的褒贬，寓王者之赏罚；晚而喜《易》，读《易》至韦编三绝，作《彖》、《象》、《文》以赞《易》，其门弟子又集记其论《易》之言为《系辞》之属，于是卜筮之《易》乃成论天人之际的哲理之书。此六者，就是所谓“六经”。孔子尝自称“述而不作”（见《论语·述而》），经古文家以为六经是周公之旧典，非孔子的作品。其实，孔子之于六经，原是就固有者加以整理补充，如纂《书》、定礼，正乐以正《诗》，据鲁史以成《春秋》，就《易》经以成《易》传，哪一种不是“述”？但这种述的工作，都有他自己的微言大义灌注其中，予古籍以新意义、新生命，不仅因袭古人而已，即称之为“作者之圣”亦无愧色（详见《经与经学》）。而且孔子以前学在王官，私家并无著述，如其《老子》一书确出于战国时人的依托（详见下文），则私家著述之风是开自孔子的了。孔子不仅开私家著述之风，并且是第一个以私人讲学的。王官学术之所以能普及齐民，可以说是孔子一人之功。他自去鲁以后，带着学生周游列国，又开了墨子、孟子等的风气。这些，都是我国学术史上划时代的事迹呀！

孔子一生最足以使我们景仰的，还在他的教育事业。聚徒教授，开私人讲学的风气，固然是他极伟大的一端；而其可称述、可钦佩者，尚不止此。《论语·述而》记他自己的话道："默而识之，学而不厌，诲人不倦，何有于我哉！"又云："若圣与仁则吾岂敢，抑为之不厌、诲人不倦，则可谓云尔已矣。"他的弟子公西华道："正唯弟子不能学也。"从前有人疑《论语》这二章自相矛盾，前章似对"学之不厌，诲人不倦"谦不敢承，后章则又以自居。其实，是把前一章的话看错了。"何有于我哉"，就是"在我有什么呢"之意，正和《雍也》"由也果，于从政乎何有"、"赐也达，于从政乎何有"、"求也艺，于从政乎何有"以及《子罕》篇"丧事不敢不勉，不为酒困，何有于我哉"等句同一语气，并没有谦不敢承的意思。《孟子·公孙丑》也有一段记载："昔者子贡问于孔子曰：'夫子圣矣乎？'孔子曰：'圣则吾不能，我学不厌而教不倦也。'子贡曰：'学不厌，智也；教不倦，仁也。仁且智，夫子既圣矣！"正和《述而》的后一章相同。《论语·学而》首章的"学而时习之，不亦说乎"，即是"学不厌"；"人不知而不愠"，即是"教不倦"（参阅《经与经学》)，这是孔子的教学精神。孔子弟子三千，身通六艺者七十二人（见《史记·孔子世家》，《仲尼弟子列传》则云七十七人），其中富如子贡，贫如颜渊、原宪，愚如高柴，鲁如曾参，辟如子张，喭如子路，其年龄长幼亦至不一律，故东郭子惠有“夫子之门何其杂也”之叹。因为孔子的收学生是“有教无类”的（见《论语·卫灵公》），而且曾说“自行束修以上，吾未尝无诲焉”（见《论语·述而》），所以教育的范围是很广大的。《史记》说孔子以《诗》、《书》、礼、乐教，《论语》说“子以四教，文、行、忠、信”（亦见《述而》），前者是教学的材料，后者是教学的要目。《诗》、《书》所以博文，礼所以道行，乐所以熏陶忠信的品性。可见他不专重书本的文字的教授，而兼顾到行为与品性的陶冶。所以《论语》中所谓“学”、“好学”，往往侧重在性行的修养，而以“学文”为余事。他不但重学，而且兼重思，故曰：“学而不思则罔，思而不学则殆。”（见《论语·为政》）但又深以空洞的思为戒，故曰：“吾尝终日不食，终夜不寝以思，无益，不如学也。”（见《论语·卫灵公》）他的教人，主张“下学而上达”（见《论语·宪问》），他实以“多学而识”为下学，“一以贯之”为上达，(《论语·卫灵公》：“子曰：‘赐也，女以予为多学而识之者与？’子贡曰：‘然，非与？’子曰：‘非也，予一以贯之。’”）故所谓“学”者，决非口耳记诵之学。他的教学宗旨，于此已可见一斑。至于他的教学方法，是重在启发的，故曰“不愤不启，不悱不发，举一隅不以三隅反则不复也”（见《论语·述而》）；是因材施教的，故同一问仁、问孝而所答不同，子路、冉求同问“闻斯行诸”而所答正相反（见《论语·先进》）。颜渊说他“循循然善诱人”，能使学者“欲罢不能”（见《论语·子罕》），其教法之佳，可想而知。他和弟子们是有真情感的，故颜渊死，哭之至恸，而有“天丧予”之叹（见《论语·先进》）；子路死，则有覆醢之痛（见《礼记·檀弓》）。学生对他自然也发生真情感了，故于其卒，则有“若丧父而无服”之心丧（亦见《檀弓》）；三年之丧毕，门人“治任将归，入揖于子贡，相向而哭，皆失声，然后归。子贡反，筑室于场，独居三年，然后归”（见《孟子·滕文公》）。这种情形，在师生如路人的今日，真是梦想不到的了！由上所述看来，孔子的确是我国教育史上一个最伟大的人物。

孔子的学说，至今尚有不可磨灭的价值的，是他的道德论。他以“仁”为道德的中心，而其所以行之者则为“忠恕”。《中庸》说：“仁者，人也。”盖“仁”者，即是人之所以为人之道。“仁”字从二、从人，会意。郑玄《礼记注》云：“仁，相人偶也。”我们因有自我意识而自知有“我”，因有同类意识而推知有“人”，既知有人，于是有所谓同情心，此即孟子所谓“恻隐之心，仁之端也”（《见公孙丑》）。故必有相偶的二人以上之关系，而后属于知的同类意识、属于情的同情心，得以表现。孟子曰：“强恕而行，求仁莫近焉。”（见《尽心》）孔子曰：“能近取譬，可谓仁之方也已。”（见《论语·雍也》）恕者推己及人，推己以及人，即是取譬于近，也即是同类意识和同情心的作用。医家称手足麻痹曰“不仁”，即因同为一体之中而不知其痛痒，同为人类而彼此痛痒不相关，只知有己不知有人、只知利己不顾害人者，其同类意识与同情心实已因麻痹而渐至消灭，这便是不仁了。能推己以及人，则消极方面，当“己所不欲，勿施于人”（见《论语·颜渊》、《卫灵公》），是为“恕”；积极方面，当以“己之所欲施之于人”，就是所谓“己欲立而立人，己欲达而达人”（见《论语·雍也》），是为“忠”。《大学》所谓“所恶于上毋以使下，所恶于下毋以事上，所恶于前毋以先后，所恶于后毋以从前，所恶于右毋以交于左，所恶于左毋以交于右，此之谓挈矩之道”，这便是“己所不欲，勿施于人”之“恕”；《中庸》所谓“所求乎子以事父，所求乎弟以事兄，所求乎臣以事君，所求乎朋友先施之”的四种君子之道，便是以己之所欲施之于人之“忠”。能若此，则自然能孝，能悌，能忠，能信了。故曾子以忠恕为孔子的“一以贯之”之道（见《论语·里仁》），但忠恕是“仁之方”，是“贯之”之道，却不能认为即是仁。故《中庸》又云：“忠恕违道不远。”道者，人人所共由，即是“仁”，即是人之所以为人之道。孟子说：“仁也者，人也，合而言之，道也。”（见《孟子·尽心》）荀子说：“道，仁之隆也。……非天之道，非地之道，人之所以道也。”（见《荀子·儒效》）可见孔子之道，是仁道，也是人道。但做人而能尽此人道之仁，却非易事，故孔子于春秋时名人如令尹子文、陈文子等，只许为“忠”或“清”，而未许为“仁”；于弟子如子路、冉求、公西华等，只许其才足以治赋、为宰与宾客言，而未许为“仁”。仁之可贵如此，故曰：“毋求生以害仁，有杀身以成仁。”（见《论语·卫灵公》）为仁之方，在取譬于己，故又曰：“仁远乎哉？我欲仁，斯仁至矣。”（见《论语·述而》）仁是人之所以为人之道，为我们做人的、修养的最后之鹄的，故评伯夷、叔齐曰：“求仁而得仁，又何怨？”（见《论语·述而》）不仁，则一切外表的节文皆同虚设，故曰：“人而不仁，如礼何？人而不仁，如乐何？”（见《论语·八佾》）所以，仁是孔子之道的根本观念。

孔子的道德论以仁为本、以忠恕为方，而其道在推己及人，能近取譬，既如上述，故其论修养、论处世，也以自我为出发点，认为一切当求诸己。如云“君子求诸己，小人求诸人”（见《论语·卫灵公》），“古之学者为己，今之学者为人”（见《论语·宪问》），“不患无位，患所以立；不患莫己知，求为可知也”（见《论语·里仁》）。必先正己然后可以正人，故见之教育，则以言教不如以身教；见之政治，则“其身正，不令而行；其身不正，虽令不从”（见《论语·子路》）。这种以人格教人、治人的教育和政治，便是“德化”、“德治”。《论语·为政》篇云：“道之以政，齐之以刑，民免而无耻；道之以德，齐之以礼，有耻且格。”《颜渊》篇答季康子问政云：“政者，正也。子率以正，孰敢不正？”又云：“君子之德风，小人之德草，草上之风必偃。”这些都是他主张德治、德化的言论。能以德化，故有所谓“不言之教”（见《论语·阳货》）；能以德治，故有所谓“无为之治”（见《论语·卫灵公》），他的主张原是“一以贯之”的。

《论语·子路》：“子路曰：‘卫君待子而为政，子将奚先？’子曰：‘必也正名乎！’”又《颜渊》：“齐景公问政于孔子。孔子对曰：‘君君，臣臣，父父，子子。’”“君君，臣臣，父父，子子”即是正名，反之，君不君、臣不臣、父不父、子不子即是名不正。质言之，则所谓“正名”者，即是循名以责其实，以求名、实之相符。如能人人名副其实，各尽其责，各安其分，各就其本位努力，则自家庭以至社会、国家，无论何种事业、哪一方面，自然有相当的发展。一切腐败、散漫、扰乱等不好的现象，推其原因，都由于这家庭、这团体、这国家的分子不能人人名副其实。所以孔子曾发感慨道：“觚不觚，觚哉？觚哉？”（见《论语·雍也》）孔子的“正名”，实在是所谓“布帛菽粟之言”，虽然浅近平凡，倒是颠扑不破之论。孔子既不能以实际的政治事业自见，故其“正名”的主张，亦只能见之于据鲁史而作的《春秋》，这就是所谓“托之空言，不如见之行事”（“行事”，往事也），故董仲舒《春秋繁露·深察名号》篇云：“《春秋》辨物之理，以正其名。”名既正，则人人能“顾名思义”，而其麻痹以至将渐次消灭之意识可以觉醒，由自我意识进而启沃其同类意识与同情心，则可以达于《大学》所谓“止于至善”之域：“为人君止于仁，为人臣止于敬，为人子止于孝，为人父止于慈，与国人交止于信。”而且“老吾老以及人之老，幼吾幼以及人之幼”，推而极之，便有《礼运》所说的“以天下为一家，以中国为一人”之理想的境界，而所谓“大同之世”的乌托邦则为其最高之鹄的。《礼运》论“大同”一段，孙中山先生也常常称述的，兹录其原文如下：

> 大道之行也，天下为公。选贤与能，讲信修睦（梁启超《先秦政治思想史》以为此段就纯政治的组织言），故人不独亲其亲，不独子其子，使老有所终，壮有所用，幼有所长，矜寡孤独废疾者皆有所养，男有分，女有归（梁氏谓此段就一般社会组织言）。货恶其弃于地也，不必藏于己；力恶其不出于身也，不必为己（梁氏谓此段专就社会组织中关于经济条件者言）。是故谋闭而不兴，盗窃乱贼而不作，故外户而不闭，是谓“大同”。

《礼运》是否为孔子弟子子游所耳闻、所手录的孔子之言，固然不妨对之怀疑，而孔子所憧憬的理想政治，则无疑地为“天下为公，选贤与能”的郅治之世。他常常称道尧、舜的禅让，而于汤、武的征诛之局不无微辞（《论语》中即有此类言论，如“子谓《韶》，尽美矣，又尽善也；谓《武》，尽美矣，未尽善也”)，即以“托古改制”之旨释之，亦是以此为理想之鹄的，正与《礼运》所云“丘未之逮也，而有志焉”的话相合。实行孔子之道，事实上能否达此理想，固不能断言，他有这种最高的政治理想，则是无可否认的。近人康有为所主张的公羊家“三世”之论，由据乱世至太平世，即《礼运》的“小康”；由升平世至太平世，即《礼运》的“大同”。今文家之言，亦非毫无根据的。

孔子的事迹、孔子的著述、孔子的教育事业和学说、孔子的道德论和政治论，既略述如上，他在先秦诸子中的地位，已不难估定。——他不但是儒家的开祖，实在是我国学术史上一个划时代的伟大人物。他的言论思想，所以能自西汉中世以后迄于清季，笼罩全国凡二千余年，并不是偶然的事！《论语》一书，记他的言行态度最翔实，虽然也有小部分是不可信的，但较《史记》的《孔子世家》和王肃伪造的《孔子家语》等已好得多，读者如要详知孔子，不妨把《论语》去细读一遍。

第五章

儒家（二）——孟子

第五章
儒家（二）——孟子

孔子的门弟子极多，《史记·仲尼弟子列传》著录的凡七十七人（《孔子世家》云“身通六艺者七十二人”，《孔子家语》作七十六人）。《论语·先进》云：“德行，颜渊（名回）、闵子骞（名损）、冉伯牛（名耕）、仲弓（名雍）；言语，宰我（名予）、子贡（姓端木，名赐）；政事，冉有（名求）、子路（姓仲，名由）；文学，子游（姓言，名偃）、子夏（姓卜，名商）。”这是孔子的十大弟子。但是《论语》中常见的著名的弟子，如曾子（名参）、有子（名若）、子张（姓颛孙，名师）、原思（名宪）、漆雕开等，却没有在内。《韩非·显学》说“孔子之后，儒分为八”，他所列举的是“子张之儒、子思之儒、颜氏之儒、孟氏之儒、漆雕氏之儒、仲良氏之儒、孙氏之儒、乐正氏之儒”，除子张为颛孙师、漆雕为漆雕开，是孔子直传的弟子外，子思为孔子之孙伋、孟氏当指孟子、孙氏当指荀子、乐正氏当指乐正子春，都是孔子再传或三传的弟子，而颜氏和仲良氏则竟不可考了。细读《论语》，孔子最得意的弟子当然是颜渊，可是他不幸早死，传孔子之道者却是以“鲁”（迟钝）称的曾参。子思和乐正子春都是曾子的弟子，孟子又是子思再传的弟子，所以这一派可以说是孔门的正统派。宋儒朱熹把《论语》、《大学》、《中庸》、《孟子》定为“四书”，以为是“道统”之传，便是因此（《大学》、《中庸》本《礼记》中之二篇，《中庸》为子思所作，见《史记·孔子世家》；《大学》是否曾子的所述，却可疑。这二篇为儒家重要的著作，内容大要详见《经与经学》）。

前章说孔子论道德以仁为中心，孔门弟子却以孝为中心。《礼记·祭义》记曾子之言曰：“孝有三，大孝尊亲，其次弗辱，其次能养。”“尊亲”即是“严父”，《孝经》说：“严父莫大于配天。”所谓“配天”，就是《中庸》称舜之大孝、武王之达孝，在能“尊为天子，富有四海之内”。但此仅指为天子者而言，一般人则能“谕父母于道”，或“立身行道，扬名于后世，以显父母”者，也是“尊亲”。“弗辱”即《诗经》所谓“毋忝尔所生”，“身体发肤，受之父母，不敢毁伤”，还是消极的孝；积极方面，则凡不敢玷辱父母传给我的人格，皆可以谓之孝。《祭义》引曾子云“行父母之遗体，敢不敬乎？居处不庄，非孝也；事君不忠，非孝也；莅官不敬，非孝也；朋友不信，非孝也；战陈无勇，非孝也”，简直把一切做人之道都包括在“孝”字之中了。所谓“能养”，也有二等。第一等是精神的奉养，如“先意承旨”，如养而能敬，如“养志”等皆是；第二等是口体的奉养，如甘旨之奉、温清之礼，以及《内则》所记诸项琐屑礼仪，皆是。孔子以仁为一切道德的中心，而仁以

“亲亲”为大者，是“行远自迩，登高自卑”，从家庭中的道德做起，然后推之于社会、国家的意思，故《论语》记有子语，也以“孝弟为仁之本”。孔门弟子却以孝为一切道德的中心了，这是儒家道德论的一大变化。因为重孝，故主张厚葬、久丧，重视丧祭的礼节。隆重丧祭，便是所谓“慎终追远”。曾子说：“慎终追远，民德归厚矣。”（《论语·学而》）这和孔子所说“君子笃于亲，则民兴于仁”（《论语·泰伯》），其旨正同。所以孔子虽然对鬼神抱怀疑态度，而仍重视祭祀，《论语》说孔子“祭如在，祭神如神在”（见《八佾》），两个“如”字用得真妙。总之，孔子对于孝、对于丧祭及其他的礼，都重在根本的精神，故曰：“今之孝者是谓能养，至于犬马皆能有养，不敬，何以别乎？”（见《为政》）“礼，与其奢也，宁俭；丧，与其易也，宁戚。”（见《八佾》）“礼云，礼云，玉帛云乎哉？”（见《阳货》）“人而不仁，如礼何？”（见《八佾》）孔门弟子后学，却注意于末节繁文了。

孔门的正统派，从曾子、子思，再传而有孟子，为儒家的巨子，颇能发扬光大孔子之学。孟子，名轲，邹人。《史记》与荀子合传，但所载事迹不如《孔子世家》之详。不但他的家世、生卒不易考定，并他的字也不能确知了。赵岐《孟子题辞》已说：“字则未闻也。”《孔丛子》以为字子车，注云：“一作子居。居贫坎轲，故名轲，字子居。”亦称字子舆，见傅玄的《傅子》。《孔丛子》系伪书，不足信，《傅子》亦无据，故王应麟疑其皆出附会。或以为是鲁公族孟孙氏之后。赵岐说他“夙丧其父，幼被慈母三迁之教”，陈镐《阙里志》、薛应旂《四书人物考》遂有孟子三岁丧父之说。但孟母三迁及断机教子的故事，见于刘向《列女传》，传中有云：“绩织而食，中道废而不为，宁能衣其夫子而长不乏粮食哉？”且《孟子》本书载鲁平公嬖人臧仓谗孟子，以为“后丧逾前丧”。“前丧”谓丧父，“后丧”谓丧母，而乐正子有“前以士，后以大夫，前以三鼎，后以五鼎”之言。若孟子果三岁丧父，安得用士礼以三鼎祭其父，丧事丰俭亦非孟子自主，且去丧母约已数十年，臧仓安得知之而以此进谗？故王复礼有三迁断机时，殆因其父远游，母代父教之解说。总之，他幼年所受的家庭教育是很良好的。至于他的师承，也还待考。《史记》本传说他“受业于子思之门人”，司马贞《索隐》引王邵说，以“人”为衍字。赵岐则云：“长师孔子孙子思。”据明人所纂《孟子年谱》及吕元善的《圣门志》，孟子生于周烈王四年（前 372），卒于赧王二十六年（前 289）。是否可信，尚不能定。但以孟子的年代推算，似不及亲受业于子思（参阅《经与经学》）。孟子自言“乃所愿则学孔子”（见《公孙丑》），孟子的生平确是像孔子的。他也有许多门弟子，而且也带了弟子们去周游列国，结果是“所如皆不合”，退而与公孙丑、万章等以著述自见。可是他到处受人尊崇，不至像孔子的受困绝粮，这大概因为孔子还是开这风气的第一人，到战国时已成一时的风尚了吧！

孟子的事迹和学说，以见于《孟子》者为最可靠。赵岐说《孟子》本有十一篇，七篇为“内书”、四篇为“外书”，外书疑非《孟子》本真，故略去不注。因此现存于十三经中的，只有赵岐所注的内书七篇了。《孟子》篇数的多寡和书中学说的大概，已见《经与经学》，可以参阅。现在只把他学说的要点，可以前和孔子、后和荀子比较的，略加评述如次。

第一是论性。子贡说“夫子之言性与天道，不可得而闻也”（见《论语·公冶长》），故《论语》上记孔子论性的话极少。但即此寥寥数语，亦可见孔子性论的一斑，如“性相近也，习相远也”、“唯上知与下愚不移”（见《论语·阳货》），如“中人以上，可以语上也；中人以下，不可以语上也”（见《论语·雍也》），很像“性三品”说。孟子则主张“性善论”，不但和荀子的“性恶论”绝对相反，且和孔子的性论亦已不同。而子思《中庸》论性，恰是上承孔子、下开孟子的。《中庸》说知的方面有“生知”、“学知”、“困知”三等（《论语·季氏》记孔子语同，尚有“困而不学”一等），行的方面有“安行”、“利行”、“勉强而行”三等，和孔子类似“性三品”的话相同，而开首便说“天命之谓性，率性之为道”，已开性善论之端了。和孟子同时的，尚有三派不同的性论：一、“性无善无不善”，二、“性可以为善，可以为不善”，三、“有性善，有性不善”（并见《孟子·告子》）。孟子则竭力主张“性善论”，他认为理、义为人心之“同然”，和口之于味有同嗜、耳之于声有同听、目之于色有同美一样（见《告子》），人心所以有此“同然”者，因为同具“恻隐”、“羞恶”、“辞让”、“是非”之心，而此四者即仁、义、礼、知的“四端”（见《公孙丑》、《告子》篇语略同，惟“辞让”作“恭敬”）。这四端是“我固有之”，“非由外铄”，故以为人人都有其“良知、良能”。“良知”是“不虑而知”的，“良能”是“不学而能”的（见《尽心》）。所谓“四端”，所谓“良知、良能”，皆为人之本性所同具，是生来便有的，故曰“大人者，不失其赤子之心者也”（见《离娄》），这是他的性善论的基础。人性既善，为什么有恶人呢？孟子以为是由于“不能尽其才”，故又曰：“乃若其情则可以为善矣，乃所谓善也。若夫为不善，非才之罪也。”（见《告子》）可见孟子所谓“性善”，是说人性有善的可能，善是人性的情或才，能尽其情或才则为善，不能尽其情或才则流而为恶。有些人所以不能尽其才者，或由于外力的激荡（如本性就下之水，可以搏之使高跃、激之使逆行）、环境的陷溺（如富岁子弟之多赖，凶岁子弟之多暴，恰似麰麦之因土地肥硗、雨露多少、人事不齐而收成不同。均见《告子》）；或由于自暴自弃（“言非礼义，谓之自暴也；吾身不能居仁由义，谓之自弃也”，见《离娄》）而放其良心（见《告子》），或由于养其“小体”之口腹而害其“大体”之心（亦见《告子》）。他既主张人性皆善，故以为“尧、舜与人同”（见《离娄》），“人皆可以为尧、舜”（见《告子》）。这种说法，可以给有志修养的人们以极大的鼓励。“性善论”可以说是孟子的根本观念，一切议论的出发点。

第二是论道德及修养。孔子论道德，以仁为一切德目的根本。子思的《中庸》虽也说“修身以道，修道以仁”，下文却接说：“仁者，人也，亲亲为大；义者，宜也，尊贤为大。亲亲之杀，尊贤之等，礼所生也。”已“仁义”并提，且以亲亲、尊贤二者为礼之所由生了。孟子则常以“仁义”二字并列，如首章便云：“王亦曰仁义而已矣。”（见《梁惠王》）《离娄》亦云：“仁，人之安宅也；义，人之正路也。”《告子》又云：“仁，人心也；义，人路也。”《尽心》又云：“人皆有所不忍，达之于其所忍，仁也；人皆有所不为，达之于其所为，义也。”且与告子辩“仁内义外”之说甚详（见《告子》）。其告宋牼，亦以为当“以仁义说秦、楚之王”（亦见《告子》）。又以孩提之童之爱其亲，稍长之敬其兄为人之良知、良能，而释之曰：“亲亲，仁也；敬长，义也。”与王子垫论士之“尚志”，则曰：“仁义而已矣。杀一无罪非仁也，非其有而取之非义也。居恶在？仁是也；路恶在？义是也。居仁由义，大人之事备矣。”（均见《尽心》）仁是由恻隐之心发出来的，义是由羞恶之心发出来的，而恻隐、羞恶之心为人人所同具，则又是以他的性善论为根据的。所以他论修养，也以性善论为立场。如云“尽心”、“存心”、“养性”、达良知良能于天下（均见《尽心》）；求放心，弗失本心，养其大体（均见《告子》）等，都是很明白的例子。其与公孙丑论“不动心”之道，更简单直截地提出“养气”、“知言”二大纲来。所谓“养气”，是集义以养其“至大至刚”的“浩然之气”，而工夫在于“勿忘，勿助长”；所谓“知言”，是要能“诐辞知其所蔽，淫辞知其所陷，邪辞知其所离，遁辞知其所穷”（见《公孙丑》）。这是他自述的修养工夫，而所谓“四十不动心”者，恰和《论语》所载孔子自言“四十而不惑”相同。至于《孟子》中所载的事实和问答，关于他的出处、去就、辞让、取与的，较《论语》所记更为具体切实。我们如能细细阅读，并随时随地加以体验，其有裨于道德的修养更非浅鲜。他既以性善论为根本观念，认为一切善端皆为人性所同具、所固有，故修养重在“反身”（如云“反身而诚”，如云横逆之来，君子必自反）的内在的工夫。故其教人，重在“自得”（如《离娄》云“君子深造之以道，欲其自得之也。自得之则居之安，居之安则资之深，资之深则取之左右逢其原，故君子欲其自得之也”），重在“化”（《尽心》论“君子之所以教者五”，第一为“有如时雨化之者”），重在“养”（如《离娄》云“中也养不中，才也养不才，故人乐有贤父兄也”），而不重在督责，即使有不率教者，亦惟以“不屑教诲”为教诲，促其自觉。（《告子》云：“教亦多术矣。予不屑之教诲也者，是亦教诲之而已矣。”）只有“自暴”、“自弃”的人，乃“不可与有言”、“不可与有为”（见《离娄》），则又和孔子的“不愤不启，不悱不发”和“不曰如之何如之何者，吾末如之何也已矣”的宗旨相同。

第三是论政治。孔子论政治，以由“小康”而至“大同”

为其理想之鹄，以“正名”为其手段，而其要归于“德化”。德化的郅治之隆是“恭已正南面”的“无为而治”，而其本在正己以正人，所谓“其身正不令而行，其身不正虽令不从”，是他的根本信条。他虽有先庶、次富、后教的主张，但没有具体的计划。孟子所谓“仁政”，则明白地以“保民”为其职志，而此保民的仁驶却建筑在经济的基础上面。他对梁惠王和齐宣王曾有同样的主张提出：“五亩之宅树之以桑，五十者可以衣帛矣；鸡豚狗彘之畜无失其时，七十者可以食肉矣；百亩之田弗夺其时，八口之家可以无饥矣；谨庠序之教，申之以孝悌之义，颁白者不负戴于道路矣。老者衣帛食肉，黎民不饥不寒，然而不王者未之有也。”（均见《梁惠王》）他的仁政所以着眼在民生、在人民经济者，因为一般民众，有恒产方能有恒心，无恒产则无恒心，苟无恒心，则将“放辟邪侈，无所不为”。不先替人民设法解决生计问题，及陷于罪，然后“从而刑之”，这叫做“罔民”（详见《梁惠王》及《滕文公》）。所以他的结论道：“是故明君制民之产，必使仰足以事父母，俯足以畜妻子，乐岁终身饱，凶年兔于死亡，然后驱而之善，故民之从之也轻。”上文所引的“五亩之宅……”就是他所谓的“制产”，而“制产”的计划就是他理想中的井田制度。“井田”者，“方里而井，井九百亩，其中为公田，八家皆私百亩，同养公田”。即以此八家共耕之公田的收入为国税，这种税制叫做“助”。他认为夏用“贡”法，殷用“助”法，周用“彻”法，又引龙子的话道："治地莫善于助，莫不善于贡。"因为"贡者，校数岁之中以为常。乐岁粒米狼戾，多取之而不为虐，则寡取之；凶年粪其田而不足，则必取盈焉"，结果使人民终岁勤苦，不得以养其父母，且借贷以益之，致使"老稚转乎沟壑"。反过来说，"助"则私田、公田，乐岁则同是丰收，凶岁则同是歉收，不至于病民。他又引《诗》"雨我公田，遂及我私"的话，以为"惟助为有公田，由此观之，虽周亦助也"（见《滕文公》）。井田制与助法，殷、周是否已实行过，后来学者颇多怀疑。我以为或者古代曾有相像的制度，孟子乃以其理想的改制的计划托之于古。所谓"有恒产有恒心，无恒产无恒心"者，即人民生活安定，方能安居乐业、谨守秩序，这原是古今一体、颠扑不破的原则。孟子之世还是农业本位时代，故以制产均田的井田制为解决民生问题的计划。人民的生计问题解决了，然后可以"驱而之善"。而他的驱民之善的计划，则全在教育，由国家"设为庠、序、学、校以教之"，而"申之以孝悌之义"。既富既教，则"可使制梃以挞秦、楚之坚甲利兵"，而"无敌于天下"，这也和孔子所谓"教民可以即戎"同一意义，不过孔子没有他说得具体而已。他主张这样"保民"的仁政，故对于当时的国君"庖有肥肉，厩有肥马，民有饥色，野有饿莩"者，直斥为"率兽而食人"（见《梁惠王》）；"争地以战，杀人盈野；争城以战，杀人盈城"者，直斥为"率土地而食人肉，罪不容于死"（见《离娄》）。一般人因为《孟子》首章告梁惠王，揭橥“仁义”，反对“言利”，说“上下交争利而国危”；《告子》篇语宋轻，也反对他“以利说秦、楚之王”，力劝他说以仁义，说“君臣、父子、兄弟终去仁义，怀利以相接，然而不亡者未之有也”，认为孟子论政绝对排斥功利主义，而为董仲舒所谓“正其谊不谋其利，明其道不计其功”之说之所从出。其实，孟子所排斥的“利”指国君大夫等的私利，即《大学》所谓“以利为利’；其所主张的则为庶民大众的福利，亦即《大学》所谓“以义为利”。所以我认为，孟子所反对的是执政者不顾民众的死活，为他个人争权夺利，而不是以最大多数的人民的最大幸福为前提的功利主义。孟子以人民的福利为前提，所以他的仁政，完全以人民为本位，可以叫做“民本主义”。所以他有民贵君轻的主张（《尽心》云“民为贵，社稷次之，君为轻”），他以为“得乎丘民”方可以为天子（见《尽心》），尧、舜、禹之禅让也只是顺从民意，民意所归，天即与之，故引《泰誓》曰：“天视自我民视，天听自我民听。”（见《万章》）即人君用贤，去不肖，杀有罪，也必以国人的公意为标准，而不当专信左右及诸大夫之言（见《梁惠王》）。在距今二千多年之前而论政能以民众为本位，不能不说他高瞻远瞩了。他所主张的仁政，仍以性善论为根据。他说：“人皆有不忍人之心。先王有不忍人之心，斯有不忍之政矣。”（见《公孙丑》）因为有“不忍人之心”而能“推恩”，便“足以保四海”。所谓“推恩”，即是根据不忍人之心，发而为不忍人之政，那便是仁政了。不“推恩”则竟“无以保妻子”（见《梁惠王》），故曰：“仁者以其所爱及其所不爱，不仁者以其所不爱及其所爱。”（见《尽心》）但是心虽好了，仍须有切实的办法；反过来说，有了好的办法，亦须有仁心去主持实施，故曰：“徒善不足以为政，徒法不能以自行。”（见《离娄》）所以他虽然以心理为出发点，但不是完全唯心的。

孟子论性、论道德、论修养、论政治的主张已略如上述，他的学说已可窥见大概。他的注重知耻、注重气节，在现代尤值得提倡。他说：“耻之于人大矣！”“人不可以无耻，无耻之耻，无耻矣。”（见《尽心》）他以“富贵不能淫，贫贱不能移，威武不能屈”者为“大丈夫”（见《滕文公》），推而极之，甚至于情愿“舍生取义”（见《告子》鱼我所欲也章），这是何等气概！宋末文天祥所以被囚于燕京三年而始终不屈者，即得力于孔子“杀身成仁”、孟子“舍生取义”的两句话（见其所作《正气歌》），我们能说孔、孟之言在今日已全无价值了吗？

第六章

儒家（三）——荀子

孟子之后，儒家的大师当推荀子。《史记》与孟子同传，略云：

> 荀卿，赵人。年五十始来游学于齐。邹衍……田骈之属皆已死齐襄王时，而荀卿最为老师。齐尚修列大夫之缺，而荀卿三为祭酒焉。齐人或谗荀卿，荀卿乃适楚，而春申君以为兰陵令。春申君死而荀卿废，因家兰陵。李斯尝为弟子，已而相秦。荀卿嫉浊世之政，亡国乱君相属，不遂大道而营于巫祝，信机祥，鄙儒小拘，如庄周等又滑稽乱俗，于是推儒、墨、道德之行事兴坏，序列著数万言而卒，因葬兰陵。

《史记》所载荀子的事实仅此，连他的名也没有记下来。司马贞《索隐》云："名况。'卿'者，时人相尊而号为卿也。……后亦谓之'孙卿子'者，避汉宣帝讳改也。""卿"为尊称而非字，其又称"孙卿"则因荀、孙二字音近之故，和燕人称荆轲为"荆卿"，卫人则称之为"庆卿"一样（见《史记·刺客列传》。按汉宣帝名询，汉人何至因避嫌名而改古人之姓？且春秋时，如荀莹、荀林父、荀偃等甚多，汉人并不都改“荀”作“孙”，何独于荀卿而改之）。本传“驺衍”二字下，有“之术迂大而闳辩，奭也文具难施，淳于髡久与处时有得善言，故齐人颂曰‘谈天衍，雕龙奭，炙毂过髡’”等三十九字。胡适说它是上文论“齐有三邹子”一节的错简，本文当做“邹衍、田骈之属皆已死齐襄王时”，此句末“齐襄王时”四字当连上读（见《古代哲学史大纲》），甚是。荀卿至齐时年已五十，此时稷下诸先生如驺衍、田骈之属，皆已早死于齐襄王时矣。刘向《孙卿书录》说他游齐在宣王、威王时，且曾与孙膑议兵，当襄王时敬为老师，误。清谢镛据《风俗通》，说“荀子至李斯作丞相时方死”，校改《史记》“年五十”为“年十五”，亦误。五十至齐而日“始”，言其来之迟也。此外可在《荀子》书中考见者，他又尝游秦、游赵。（《强国》篇载应侯曾问孙卿“入秦何见”，又《议兵》篇谓孙卿议兵于赵孝成王前。按应侯即范雎，其相秦正当赵孝成王时）。生平事迹，可考者仅此而已。

《汉书·艺文志》诸子略儒家有“《孙卿子》三十二篇”，诗赋略有“孙卿赋十篇”。今存《荀子》亦三十二篇，《赋》篇有赋五篇（《礼》、《知》、《云》、《蚕》、《针》）。其中如《礼论》、《乐论》、《劝学》、《非十二子》诸篇亦见于《大戴礼记》、《小戴礼记》或《韩诗外传》中，《非相》、《天论》二篇末段也都与《非相》、《论天》的题旨无涉，而《大略》、《宥坐》、《子道》、《法行》诸篇也是东拉西凑而成的。胡适疑是后人杂凑成书的，也不为无见。《孟子》在《汉志》中本和《荀子》同列于儒家，孔子以后儒家的著作，当首推这两部书了。

前一章曾说过，“性善论”是孟子学说的根本观念，荀子恰和孟子相反而又相同，以“性恶论”为其学说的根据。所以我们要了解荀子的学说，第一须读他的《性恶》篇。他第一句就说：“人之性恶，其善者伪也。”后儒把“伪”字认作“真伪”之“伪”，因此大骂荀子。不知“真伪”之“伪”古作“讹”，“伪”字的本义是人为。荀子认为人的本性是恶的，其善则由于人为，故下文又云：“不可学、不可事而在天者，谓之性；可学而能、可事而成之在人者，谓之伪。”《正名》篇有一段，也说“性”和“伪”之不同：

> 生之所以然者，谓之性；性之和所生，精合感应，不事而自然者，谓之性。性之好、恶、喜、怒、哀、乐谓之情，情然而心为之择谓之虑，心虑而能为之动谓之伪，所以能之在人者谓之能。虑积焉、能习焉而后成谓之伪。

《性恶》篇又提出性恶论的根据道：

> 今人之性，生而有好利焉，顺是，故争夺生而辞让亡焉；生而有疾恶焉，顺是，故残贼生而忠信亡焉；生而有

耳目之欲、有好声色焉，顺是，故暴乱生而礼义文理亡焉。然则从人之性、顺人之情，必出于争夺、合于犯分乱理而归于暴；是故必将有师法之化、礼义之道，然后出于辞让、合于文理而归于治。用此观之，然则人之性恶明矣，其善者伪也。

孟子认为性之中包含“恻隐之心、羞恶之心、是非之心、辞让之心”诸善端，故说性是善的；荀子认为性之中包含“好利、疾恶、耳目之欲、好声色”诸恶端，故说性是恶的。他们的根本观点各不相同。孟子主性善，故说“良知良能”为人性所固有、所同具，荀子《性恶》篇驳他道：

夫工、匠、农、贾未尝不可以相为事也，然而未尝能相　为事也。用此观之，然则可以为未必能也，虽不能无害可以为。然则能不能之与可不可，其不同远矣。

目可以见、耳可以听，但未必能见得明、听得聪，所以虽人人有“可以知之质，可以能之具”，未必就“知”、未必就“能”。孟子主性善，故其教人重在“自得”、重在“尽性”，以复其“本然之善”；荀子主性恶，故其教人重在“矫正”、重在“积善”以“化性”。《性恶》篇云：

> 枸木必将待檃栝烝矫然后直，钝金必待砻厉然后利。今人之性恶，必将待师法然后正，得礼义然后治。……故檃栝之生，为枸木也；绳墨之起，为不直也；立君上、明礼义，为性恶也。

这正和《孟子》里告子所说“以人性为仁义，犹以杞柳为桮棬”的话相同。这是就消极方面说的。积极方面则在“化性”，化性之道则在“积善”。《儒效》篇云：

> 性也者，吾所不能为也，然而可化也。……注错习俗，所以化性也；并一而不二，所以成积也。习俗移志，安久移质。……涂之人百姓积善而全尽，谓之圣人。彼求之而后得，为之而后成，积之而后高，尽之而后圣。故圣人也者，人之所积也。……居楚而楚，居越而越，居夏而夏，是非天性也，积靡使然也。

所以荀子认为学问之所以可贵，在能矫治恶性，变化气质；在能积善化性，增益身心。孟子以为人性本善，其恶由于后天的陷溺、环境的激荡，如能求其放心，扩其善端，复其本性，则人皆可以为尧舜，着重在奖掖方面，可以说是“草儿在前”的办法。荀子以为人性本恶，故须矫之以礼义、治之以君师，使积善以化其性，则可以入圣人之域，着重在督率方面，可以说是“鞭儿在后”的办法。虽然他们的根本观点不同，教人的方法不同，而其教人为善去恶之旨则同。

荀子以天生之性为恶，其善者由于人为，故他的天论是要人能“制天”以为人用。《天论》篇云：

> 大天而思之，孰与物畜而制裁之（原文作“裁之”，王念孙谓当做“制之”，“思”与“制”为韵。依杨倞注，似当做“制裁之”）；从天而颂之，孰与制天命而用之；望时而待之，孰与应时而使之；因物而多之，孰与骋能而化之；思物而物之，孰与理物而勿失之也；愿与物之所以生，孰与有物之所以成。故错人而思天，则失万物之情。

所谓“错人而思天”者，就是同篇所说“错其在己者而慕其在天者”。

> 故君子敬其在己者而不慕其在天者，小人错其在己者而慕其在天者。君子敬其在己者而不慕其在天者，是以日进也；小人错其在己者而慕其在天者，是以日退也。

所以又说：“惟圣人为不求知天。”因为吉凶祸福在人而不在天，故云：

> 天行有常，不为尧存，不为桀亡。应之以治则吉，应之乱则凶。强本而节用则天不能贫，养备而动时则天不能病，循道而不忒则天不能祸，故水旱不能使之饥、寒暑不能使之疾、袄怪不能使之凶。……故明于天人之分，则可谓至人矣。不为而成，不求而得，夫是之谓天职。如是者虽深，其人不加虑焉；虽大，不加能焉；虽精，不加察焉，夫是之谓不与天争职。天有其时，地有其财，人有其治，夫是谓能参。舍其所以参而愿其所参，则惑矣。

子思作《中庸》，虽也以“与天地参”为理想之鹄的，但荀子则重在“所以参”。人之所以能与天地参者，因为“人定可以胜天”。道家所谓“道”，即“自然”，即无往不在、无时不存的“天道”。荀子则以为“天道”、“地道”之外，别有“人道”，故《儒效》篇云：“道者，非天之道，非地之道，人之所以道也。”人为之力可胜天然，是他《天论》篇的要旨，恰与《性恶》篇以人为之力矫天性之恶而积善化性之旨相同。

次之，我们应当注意荀子的政治论。荀子的政治论仍以性恶为根据，故《礼论》曰：

> 礼起于何也？曰：人生而有欲，欲而不得则不能无求，求而无度量分界则不能不争，争则乱，乱则穷。先王恶其乱也，故制礼义以分之，以养人之欲、给人之求，使欲必

不穷乎物，物必不屈乎欲，两者相持而长，是礼之所起也。

《富国》篇也说：

> 天下害生纵欲。欲恶同物，欲多而物寡，寡则必争矣。……离居不相待则穷，群而无分则争。穷者，患也；争者，祸也。救患除祸，则莫若明分使群矣。

孟子以为“辞让之心人皆有之”，荀子则以为“今人之性，生而有好利焉，顺是，故争夺生而辞让亡焉”。人皆有欲利之心，而物质不能为无限量的增加，以满足人人之欲，故不能不为之定“度量分界”，是谓“明分”。人“力不若牛、走不若马而牛、马为用，何也？曰人能群，彼不能群也”（见《王制》篇），故曰“离居不相待则穷”。这就是说，人不能脱离社会而生活。但要维持这群居的社会的秩序，也至不易，故《王制》篇云：

> 夫两贵之不能相事，两贱之不能相使，是天数也。势位齐而欲恶同，物不能相澹（杨倞注：“澹读为赡。”）则必争，争则乱，乱则穷矣。先王恶其乱也，故制礼义以分之，使有贫富、贵贱之等足以相兼临者，是养天下之本也。《书》曰“维齐非齐”，此之谓也。

荀子认为社会的“不齐”，正所以维持社会的“齐”，因为势位平等了，便两不相下，不能“相事相使”了。故所谓“分”者，不但指物质的分配，而且指阶级的分际。物质的分配平，阶级的分际定，方可以“明分使群”。《荣辱》篇中也有这样的议论：

> 夫贵为天子，富有四海，是人情之所同欲也，然则从人之欲则势不能容、物不能赡也。故先王案为之制礼义以分之，使有贵贱之等、长幼之差、知愚能不能之分，皆使人载其事而各得其宜，然后使谷（原文作“悫”，依俞樾校改）禄多少厚薄之称。……故或禄天下而不自以为多，或监门御旅，抱关击柝而不自以为寡。故曰：斩而齐，（刘台拱曰：“斩读如儳。”《说文》：“儳，儳互不齐也。”）枉而顺，不同而一。

观上所引，屡言“先王为之制礼义以分之”，可见礼是“明分”的唯一的工具。分既明，则社会上不至起争夺，个人也因知足而少烦恼，故又曰：“以群则和，以独则足。”可见荀子论政治，全重在一“礼”字。荀子以前的儒家未尝不重礼，如《论语》引孔子之言曰：“恭而无礼则劳，慎而无礼则葸，勇而无礼则乱，直而无礼则绞。”《礼记·坊记》曰：“礼者，因人之情而为之节文，以为民坊者也。”《檀弓》更说得明白：“人喜则斯陶，陶斯咏，咏斯犹（郑玄注云"'犹'当为'摇'，声之误也"），犹斯舞，舞斯愠，愠斯戚，戚斯叹，叹斯辟（郑注云"辟，拊心也"），辟斯踊矣，品节斯，斯之谓礼。"他们都以礼为精神修养之节制，而荀子则以礼为物质分配、阶级分际的度量分界。他的"礼治"，和以前儒家之"礼教"已迥不相同。因为荀子的时代——战国末——法家的学派已成立，故其思想受法家之影响不少，而其弟子韩非、李斯又为法家的巨子，也曾受荀子的影响。故荀子的"礼"和法家的"法"，其性质极相近。《慎子》曰："一兔走街，百人追之；积兔于市，过而不顾。非不欲兔，分定故也。"荀子以"明分"言礼，其立足点正与此同。《慎子》又曰："有权衡者不可欺以轻重，有尺寸者不可差以长短，有法度者不可巧以诈讹。"《荀子·礼论》篇也说："故绳墨诚陈矣，则不可欺以曲直；衡诚悬矣，则不可欺以轻重；规矩诚设矣，则不可欺以方圆；君子审于礼，则不可欺以诈伪。"两文意旨如合符节，不过一则归功于法，一则归功于礼而已。"礼禁未然之先，法施已然之后"；礼以社会习惯为制裁，法以国家权力为制裁；礼为社会的活的良好习惯，法则为国家的成文的法令。故礼从积极方面在事先示人以当为，法则从消极方面在事后惩人之不当为；礼的制裁是无形的、道德的，以清议表现其力量的，法的制裁是有形的，是以刑罚强制执行的；礼是富有弹性的、是活的，法是富有机械性的、是死的；礼之禁在激发人之羞恶之心，有所耻而不为，法之禁在引起人之恐惧之心，有所惧而不为。儒家之“礼”与法家之“法”本不相同，但荀子之礼则已近于法矣。《论语》引孔子论礼，有云：“殷因于夏礼，所损益可知也；周因于殷礼，所损益可知也。”（见《论语·为政》）因为礼是合理的习惯的结晶，故须依时代之变迁、环境之不同而为之损益。荀子则云：“礼岂不至矣哉！立隆以为极而天下莫之能损益也。”（见《礼论》）这也是荀子和孔子显然不同之一点。

孔子祖述尧舜、宪章文武，孟子言必称尧、舜，这就是所谓“法先王”。虽然他们所谓的“先王之道”，原本就是改制所托之古，但终以先王为法。孟子云：“遵先王之法而过者，未之有也。……言则非先王之道者，犹沓沓也。”（见《离娄》）《孝经》也有“非先王之法服不敢服，非先王之法言不敢道，非先王之法行不敢行”等语。荀子则直截痛快地主张“法后王”，《非相》篇云：

> 圣王有百，吾孰法焉？故曰：文久而息，节族久而绝，守法教之有司极礼而褫。故曰：欲现圣王之迹，则于其粲然者矣，后王是也。……舍后王而道上古，譬之是犹舍己之君而事人之君也。

他的主张法后王，是因为后王之迹粲然可考；他的反对法先王，是因为先王之迹都已不可考，故又说：

> 五帝之外无传人，非无贤人也，非无善政也，久故也；五帝之中无传政，非无善政也，久故也；禹、汤有传政而不若周之察也，非无善政也，久故也。传者，久则论略，近则论详；略则举大，详则举小。愚者闻其略而不知详，闻其细而不知大也，是以文久而灭，节族久而绝。

《论语》记孔子之言曰："夏礼吾能言之，杞不足征也；殷礼吾能言之，宋不足征也。文献不足故也，足则吾能征之矣。"（见《八佾》）《中庸》也有同样的记载，且云："吾学周礼，今用之，吾从周。"这和荀子之意，原也差不多。但孔、孟终以尧、舜为其政治的理想之鹄，而不肯昌言法后王。上文曾提到过，诸子改制皆喜托古，惟法家则主变古，荀子的法后王，也和法家的变古有交互影响的关系。

《论语》所记孔子的言论，绝没有批评，驳斥别派学说的话。一方面固然因为他个性既厚，涵养又深，局量亦大，认为"道并行而不相悖"（用《中庸》语）；另一方面也因为诸子之学在那时都还没有成气候，成一家言。孟子则对杨朱、墨翟、陈仲子等已毫不客气地"距"之、"辟"之，且以此为"圣人之徒"所义不容辞的"息邪说、正人心"以著孔子之道的责任。但孟子的批评各派，似不如荀子之能"持之有故，言之成理"。如《天论》云：

> 慎子有见于后，无见于先；老子有见于诎，无见于信（“诎”同“屈”，“信”同“伸”）；墨子有见于齐，无见于畸；宋子有见于少，无见于多。（宋子即宋钘，曾云：“人之情欲寡，而皆以己之情为欲多。”）有后而无先则群众无门，有诎而无信则贵贱不分，有齐而无畸则政令不施，有少而无多则群众不化。

《解蔽》篇又云：

> 墨子蔽于用而不知文，宋子蔽于欲而不知得，慎子蔽于法而不知贤，申子蔽于势而不知知，惠子蔽于辞而不知实，庄子蔽于天而不知人。故由用谓之，道尽利矣；由欲（原文作“俗”，依杨倞注改）谓之，道尽嗛矣；由法谓之，道尽数矣；由势谓之，道尽便矣；由辞谓之，道尽论矣；由天谓之，道尽因矣。

《非十二子》篇评它嚣、魏牟，则曰“纵情性，安恣睢，禽兽行，不足以合文通治”；评陈仲、史䲡，则曰“忍情性，綦谿利歧，苟以分异人为高，不足以合大众、明大分”；评墨翟、宋钘，则曰“不知壹天下、建国家之权称，上功用、大（同‘太’）俭约而僈差等，曾不足以容辨异、县君臣”；评慎到、田骈，则曰“尚法而无法，不循（原文作‘下修’，从王念孙校）而好作，……不足以经国定分”；评惠施、邓析，则曰“好治怪说、玩琦辞，甚察而不急（原文作‘不惠’，从王念孙校），辩而无用，多辞（原作“事”）而寡功，不可以为治纲纪”；评于思、孟轲，则曰“略法先王而不知其统，……案往旧造说，谓之五行，甚僻违而无类，幽隐而无说，闭约而无解”（其门人韩非亦法师道，《定法》篇评申不害、公孙鞅，以为“申不害言术而公孙鞅为法”，“君无术则弊于上，臣无法则乱于下”，故申不害有“虽用术于上，法不勤饰于官之患”，公孙鞅有“法虽勤饰于官，主无术于上之患”，且“申子未尽于术，商君未尽于法”。《显学》篇论儒、墨，以为“孔子、墨子俱道尧、舜”，“欲审尧、舜之道于三千岁之前，意者其不可必乎！无参验而必之者愚也，弗能必而据之者诬也。故明据先王、必定尧舜者，非愚则诬也”）。余如《富国》篇和《乐论》篇驳墨子的节用和非乐，《正论》篇驳宋子的学说，《性恶》篇驳孟子的性善论，《正名》篇驳墨家“杀盗非杀人也”之说，也都有一读的价值。因为荀子生在战国末年，各派学说已如雨后春笋，勃然而兴，他对同时的诸子之学都曾加以研究，故能各加批评而且都有相当的道理。我们不能不认他是儒家中能别开生面的一位学者，所以要明了先秦时的儒家思想，《荀子》也是必须阅读的一部书。

第七章

道家（一）——老子

第七章
道家（一）——老子

道家，司马谈谓之“道德家”，《礼记·曲礼》疏引郑氏《周礼注》云：“道，多才艺；德，能躬行。”此儒家之言。《老子》云：“道生之，德畜之，物形之，势成之，是以万物莫不尊道而贵德。道之尊，德之贵，夫莫之命而常自然。”王弼注云：“道者，物之所由也；德者，物之所得也。”这方是道家之说。《史记·老子韩非列传》言老子“著书上下篇，言道德之意。”按《老子》上篇首句曰“道可道，非常道”，下篇首句曰“上德不德，是以有德”，故《经典释文》径称上篇曰“道经”、下篇曰“德经”（《道藏》称唐玄宗御注始分《道经》、《德经》，未是）。此派所以称“道德家”，或即因《老子》书言道德之意，故道家以老子为祖。

《史记》传老子云：

> 老子者，楚苦县厉乡曲仁里人也。姓李氏，名耳，字伯阳，谥曰聃，周守藏室之史也。孔子适周，将问礼于老子。老子曰：“子所言者，其人与骨皆已朽矣，独其言在耳。且君子得其时则驾，不得其时则蓬累而行。吾闻之，良贾

深藏若虚，君子盛德容貌若愚。去子之骄气与多欲、态色与淫志，是皆无益于子之身。吾所以告子者，若是而已。”孔子去，谓弟子曰：“鸟，吾知其能飞；鱼，吾知其能游；兽，吾知其能走。走者可以为罔（同‘网’），游者可以为纶，飞者可以为矰，至于龙，吾不能知其乘风云而上天。吾今日见老子，其犹龙邪？”老子修道德，其学以自隐无名为务。居周久之，见周之衰，乃遂去。至关，关令尹喜曰：“子将隐矣，强为我著书。”于是老子乃著书上下篇，言道德之意五千言而去，莫知其所终。或曰老莱子亦楚人也，著书十五篇，言道家之用，与孔子同时云。盖老子百六十有余岁，或言二百余岁，以其修道而养寿也。自孔子死之后百二十九年，而史记周太史儋见秦献公曰：“始秦与周合而离，离五百岁而后合，合七十岁而霸王者出焉。或曰儋即老子，或曰非也，世莫知其然否。老子，隐君子也。老子之子名宗，宗为魏将，封于段干。宗子注，注子宫，宫玄孙假。假仕于汉孝文帝，而假之子解为胶西王卬太傅，因家于齐焉。世之学老子者则绌儒学，儒学亦绌老子。“道不同不相为谋”，岂谓是邪？李耳无为自化，清静自正。

我所以不惮烦地把《史记》原文全抄下来，因为里面有几个重要的问题尚待考证，现在逐一述说如左：

第一，老子的姓名里居。《索隐》引“葛玄云‘李氏女所生，因母姓也’，又云‘生而指李树，因以为姓’”。老子姓李，是否因母姓已不可考，至于说他生而能言、指李树以为姓，则是神话性的传说，绝不可信了。《索隐》又云：“许慎云：‘聃，耳曼也。’故名耳，字聃。有本字伯阳，非正也。老子号伯阳父，此传不称也。”《经典释文序录》、《文选注》、《后汉书·桓帝纪》注引《史记》并作“字聃”，可见今本《史记》作“字伯阳，谥曰聃”正是司马贞认为“非正”的别本。所以称“老子”者，《神仙传》以为“生而皓首，故称老子”（《玄妙内经》有李母怀胎八十岁始生的话，更荒诞可笑），《高士传》以为“以其年老，故号其书为《老子》”，皆不足据。胡适《中国古代哲学史大纲》有两种解说，倒颇近情：

（一）“老”或是字。《春秋》时人往往把字用在名的前面，例如叔梁（字）纥（名）、孔父（字）嘉（名）、正（字）考父（名）、孟明（字）视（名）、孟施（字）舍（名），皆是。《左传》文十一年、襄十年《正义》都说：“古人连言名字者，皆先字后名。”或者老子本名聃，字耳，一字老。古人名字同举，先说字而后说名，故战国时的书皆称“老聃”。此与人称叔梁纥，正考父都不举姓氏，正同一例。又古人的字下可加“子”字，“父”字等字，例如孔子弟子冉求字有，可称“有子”（见哀十一年《左传》)，故后人又称“老子”。这是一种说法。

按汉《老聃碑铭》云：“聃然，老旄之貌也。”（见朱骏声《说文通训定声》“聃”字下引）《礼记·曾子问》“吾闻诸老聃”句注云：“老聃，古寿考者之号也。”可见“聃”字除“耳曼”一训外，尚有“老寿”之意。故名聃字耳，一字老。《孟子》书称匡章为“章子”（见《离娄》），亦字下加子之一例。胡氏又云：

> （二）“老”或是姓。古代有氏、姓的区别。寻常的小百姓各依所从来为姓，故称“百姓”、“万姓”；贵族于姓之外还有氏，如以国为氏，以官为氏之类。老子虽不曾做大官，或源出于大族，故姓老而氏李。……老子姓老，故人称“老聃”，也称“老子”。这也可备一说。

按“老”，确有此氏，现在还有。《风俗通》以为颛顼子老童之后，而宋之老氏则为戴公之孙，以地为氏者。胡氏的两说，虽然不能断定究竟哪一说对，但较之迷信诞妄的传说、出于神仙家言者，终为可信。至于老子的里居，《史记》作“楚苦县”，而《礼记·曾子问》篇《正义》引《史记》作“陈国人”者，因苦县本属陈，春秋末楚灭陈，因又属楚。《括地志》云：“苦县在亳州谷阳具界，有老子宅及庙。”“厉”古音读日赖（见

《汉书·地理志》注），《晋太康地记》云："苦县城东有濑乡祠，老子所生地也。"濑乡即厉乡。

第二，老子的年代和事迹。孔子适周见老子事，《史记·孔子世家》及《大戴礼记》中也有记载。清阎若璩《四书释地续》据《礼记·曾子问》孔子曰："昔者，吾从老聃助葬于巷党，及堩日有食之"的话，推算鲁昭公二十四年夏五月乙未朔之日食恰人食限，是岁孔子三十四岁。但孔子适周，系与南宫敬叔同行，敬叔是孟僖子之子，而僖子卒于昭公二十四年二月，敬叔丧父不及三月，如何可以远适东周？昭公三十一年也有日食，孔子适周见老子在昭公三十一年亦未可知，则孔子见老子当在三十四岁与四十一岁之间。老子如比孔子大二十岁，当生于周灵王初年。《史记》于老子子孙叙之甚详，且明曰"老子，隐君子也"，可见司马迁并不相信老子是神仙之流。其去周入关亦是"将隐"，且并无"仙去"之说。因为他以"自隐无名"为务，故曰"莫知其所终"。以下引楚人老莱子及见秦献公之周太史儋，盖汉时传闻之辞有谓此二人即老子者。至于"盖老子百有六十余岁，或言二百余岁，以其修道而养寿也"，则明为信神仙家言者所羼入。《庄子·养生主》明记老聃之死，则古代并无老子成仙之说可知。惟汪中《述学·老子考异》云：

> 老子言行，见于《曾子问》者凡四。助葬而遇日食、止柩以听变，其谨于礼也如是，至其书则曰"礼者，忠信

> 之薄而乱之首也”。下殇之葬，称引周、召、史佚，其尊信前哲也如是，而其书则曰“圣人不死，大盗不止”。彼此乖违甚矣。……“言道德之意五千言”者，儋也。其入秦见献公，即去周至关之事。本传或曰“儋即老子”，其言韪矣。

按汪氏之说，亦持之有故，言之成理。介之推云：“身将隐，焉用文之。”老子既以“自隐无名为务”，岂肯著书传世？且如《论语》只由弟子辑记孔子言行成书，不为长篇大论，《孟子》的体裁还是如此。孔子以前的书，非追述即依托，而《老子》则全部五千言几乎一气呵成，以体例言，似非春秋末的作品。近人冯友兰《中国哲学史》认《老子》为战国时人作，亦不无理由。但谓此书为战国时宗老子者追述、推阐其学说而作，则可；必指为太史儋所作，则理由似乎还欠充足吧！《老子》既非老子自著，故本章所据之“老子”，不用人名而特举其书名。

《老子》所说之“道”，与儒家异。儒家之“道”为人道，故《中庸》云：“道不远人，人之为道而远人，不可以为道。”人之道，仁也，故《孟子》云：“仁者人也，合而言之，道也。”道为人道，故《论语》云：“人能弘道，非道弘人。”《老子》之“道”则为“自然”，为先天存在的、万能的自然界之理法，故曰：“人法地，地法天，天法道，道法自然。”又曰：“有物混成，先天地生，寂兮寥兮，独立不改，周行而不殆，可以为天下母。吾不知其名，字之曰‘道’。”他以为吾人对于宇宙极为渺小，实无创造的能力，故又曰：“以辅万物之自然而莫敢为。”若强欲有为、强欲有所执著，则必至“为者败之，执者失之”。此其所谓“道”者，实一极抽象的名词，无可形容，乃以“无”字形容之。《老子》既云“道生一，一生二，二生三，三生万物”，又云“天地万物生于有，有生于无”，可见“道”即是“无”、“无”即是“道”了。《老子》又云：“三十辐共一毂，当其无，有车之用；埏埴以为器，当其无，有器之用；凿户牖以为室，当其无，有室之用。故有之以为利，无之以为用。”车轮之毂、器皿之中空、窗户和房室之洞空处，即是车轮转动、器皿容物、窗户出入、房室居人最有用的地方，这一段文章是借物为譬，以明“无”之用处。即以“无”之用处，明所谓“道”之“周行不殆，可以为天下母”。他说：“视之不见名曰‘夷’，听之不闻名曰‘希’，搏之不得名曰‘微’。……是谓无状之状、无物之象，是谓惚恍。”道无形，故视之不见；无声，故听之不闻；无体，故搏之不得，所以道即是“无”。但又不能说宇宙间没有这个道，故又曰：“道之为物，惟恍惟惚。惚兮恍兮，其中有象；恍兮惚兮，其中有物。”所谓“自然”，如执为有则无此物，如径曰无则宇宙间确有它存在着。因为宇宙间有这“独立不改，周行而不殆”，不期然而然的自然之道存在，而此自然之道又是至大无外的，无论什么不能逃避它的，故又曰“常有司杀者杀”，“天网恢恢，疏而不失”。“司杀者”、“天网”即是自然法则，即是道。这自然之道，看似无为而实无不为的，故又曰："道常无为而无不为。"人以自然为法，亦当无为，惟无为乃正可以无不为。故于人生哲学，则主张"见素抱朴，少私寡欲，绝学无忧"，主张"泊兮其未兆，如婴儿之未孩"；于政治哲学，则主张"处无为之事，行不言之教。……不尚贤，使民不争；不贵难得之货，使民不为盗"。他因此咒诅一切物质文明，说："五色令人目盲，五音令人耳聋，五味令人口爽，驰骋田猎令人心发狂，难得之货令人行妨。"就是人们日臻发达的知识，他也认为可咒诅的，故又云："民之难治，以其智多。故以智治国，国之贼；不以智治国，国之福。"且以为，"古之善为道者，非以明民，将以愚之"，"是以圣人之治，虚其心，实其腹，弱其志，强其骨，常使民无知无欲"了。他的理想国是这样的："小国寡民，使有什伯之器而不用，使民重死而不远徙，虽有舟舆无所用之，虽有甲兵无所陈之，使民复结绳而用之。甘其食，美其服，安其居，乐其俗，邻国相望，鸡狗之声相闻，民至老死不相往来。"他简直要想回复到太古之世哩！他常劝人知足不争，故曰："知足不辱，知止不殆，可以长久。……祸莫大于不知足，咎莫大于欲得，故知足之足常足矣。"又曰："江海所以能为百谷王者，以其善下之，故能为百谷王。……以其不争，故天下莫能与之争。"他认为，"物或损之而益，或益之而损"是"天网恢恢，疏而不失"的自然之道，故曰："强梁者不得其死。"因此，柔弱反可以胜刚强，故又曰："天下柔弱莫过于水，而攻坚强者莫之能胜，其无以易之。弱之胜强，柔之胜刚，天下莫不知，莫能行。”所以人们应该“知其雄，守其雌”，“知其白，守其黑”，“知其荣，守其辱”，这就是所谓“不为天下先”。“不自见，故明；不自是，故彰；不自伐，故有功；不自矜，故长。夫唯不争，故天下莫能与之争”，也不能说它毫无理由吧！

《老子》的思想似乎是有所激而然，因为那个时代的政治太黑暗、变动太剧烈了，如云：“民之饥，以其上食税之多，是以饥。民之难治，以其上之有为，是以难治。民之轻死，以其求生之厚，是以轻死。”其上食税多而民饥，是当时的实在情形，横征暴敛、苛捐杂税，则虽乐岁也难得一饱了。其上有为，民何以难治呢？因为腐败无能的政府，对于人民却厉行干涉政策，结果只以扰民而已。在干涉政策之下的人民，弱者、愿者固只能俯首帖耳，服从绝无理由的政令；强者、狡者则往往对抗或取巧，故说“民之难治，以其上之有为”。好生恶死、避死求生，皆人之常情，但憔悴于虐政之下而至九死一生的时候，则又往往铤而走险，想从死中求活了。人民既抱着拼命、不怕死的念头，则法律的制裁亦失其效力，故曰：“民不畏死，奈何以死惧之？若使民常畏死，而为奇者吾得执而杀之，孰敢？”在这种政治黑暗的局面之下，一切是反常的，有钱有势的人们，越得利，越得势，小百姓们只有供他们剥削鱼肉而已，故又曰：“天之道，损有余而补不足；人之道则不然，损不足以奉有余。”

政治，社会既黑暗紊乱至此，于是有少数能守其分、尽其责的人，社会上便觉得他的道德非常人所能及，实际上只是黑暗面的反映而已，故又曰："六亲不和有孝慈，国家昏乱有忠臣。"我们试设身处地一想，便可明了这种议论是激于当时情形而发的了。

要挽回这种局势，莫如"无为"，莫如返之"自然"。所以它论治术分为四等，以"上德"为太上、以"上礼"为最下："上（同'尚'）德无为而无不为（原文作'无以为'，据《韩非子·解老》改'以'作'不'），上仁为之而无以为，上义为之而有以为，上礼为之而莫之应，则攘臂而扔之。"此四等治术，人民对之亦有四等反应："太上，下不知有之（今本作'下知有之'，《永乐大典》本及吴澄本皆作'不知有之'，日本本作'下不知有之'），其次亲而誉之，其次畏之，其次侮之。"无为而无不为的上德之治，结果"功成名遂，百姓皆谓我自然"，这就是《击壤歌》所谓"日出而作，日入而息，凿井而饮，耕田而食，帝力何有于我哉"的景象了。治术既有此四等，故又曰："失道而后德，失德而后仁，失仁而后义，失义而后礼。礼者，忠信之薄、乱之首。"儒家孔子言仁，孟子并举仁义，荀子言礼，荀子弟子李斯佐始皇、二世，乃以督责残暴为治，卒乱天下。《老子》所说竟似预言，这或者也是《老子》为战国时儒家偏重礼教、法家渐占势力以后的人所追述依托之一证。

《老子》为战国时的作品是可能的，但因此而断定孔子适周所见的老聃为并无其人则又不可，故以其人生存之年代论则略早于孔子，以其书著述之时期论则或后于孔子。所以我曾说，开私人著述、私人讲学之风的，当首推孔子。老聃既确有其人，孔子又曾以“犹龙”称之，其为春秋末一位伟大的学者，当亦无可否认。对于他，《庄子·天下》篇里有一段好评说：

> 以本为精，以物为粗，以有积为不足，澹然独与神明居，古之道术有在于是者，关尹、老聃闻其风而悦之。建之以常无有，主之以太一，以濡弱谦下为表，以空虚不毁万物为实。关尹曰：“在己无居，形物自著。其动若水，其静若镜，其应若响。芴乎若亡，寂焉若清，同焉者和，得焉者失，未尝先人而常随人。”老聃曰：“知其雄，守其雌，为天下谿；知其白，守其辱，为天下谷。”人皆取先，己独取后，曰受天下之垢；人皆取实，己独取虚，无藏也故有余，岿然而有余。其行身也，徐而不费，无为也而笑巧。人皆求福，己独曲全，曰苟免于咎。以深为根，以约为纪，曰坚则毁矣，锐则挫矣。常宽容于物，不削于人，可谓至极。关尹、老聃乎，古之博大真人哉！

庄子也是道家，故述关尹、老聃之旨特详，且以“古之博大真人”称之。司马谈论道家的话，上文已约略地引述过，现在再把他下文申说的一段话，录在后面：

> 道家无为，又曰无不为。其实易行，其辞难知。其术以虚无为本，以因循为用。无成势，无常形，故能究万物之情。不为物先，不为物后，故能为万物主。有法无法，因时为业；有度无度，因物与合，故曰“圣人不朽，时变是守。虚者道之常也，因者君之纲也”。群臣并至，使各自明也。其实中其声者谓之端，实不中其声者谓之窾。窾言不听，奸乃不生，贤不肖自分，白黑乃形。在所欲用耳，何事不成？乃合大道，混混冥冥，光耀天下，复反无名。凡人所生者神也，所托者形也。神太用则竭，形太劳则敝，形神离则死。死者不可复生，离者不可复反，故圣人重之。由是观之，神者生之本也，形者生之具也。不先定其神（形）而曰“我有以治天下”，何由哉？

司马谈也是主道家之说的，故说得比其他五家详，且毫无贬辞。《汉书·艺文志》便不能与庄子、司马谈同日而语。道家以老子为祖，而老子为周之守藏室史，说“道家者流，盖出于史官”亦未尝不可。又以道家之“秉要执本，清虚以自守，卑弱以自持”为“君人南面之术”，也和司马谈所谓“虚者道之常也，因者君之纲也。群臣并至，使各自明”相合。但末段所云“放者为之”，班氏所斥“绝去礼学，兼弃仁义，曰独任清虚可以为治”，正是道家的主张，那又未免戴着儒家的眼镜去批评道家了！

第八章

道家（二）——庄子

道家的代表人物，除上章所述的老子外，便得数到庄子。《史记·老子韩非列传》记庄子云：

> 庄子者，蒙人也，名周。周尝为漆园吏，与梁惠王、齐宣王同时。其学无所不窥；然其要本归于老子之言。故其著书十余万言，大抵率寓言也。作《渔父》、《盗跖》、《胠箧》以诋訾孔子之徒，以明老子之术。《畏累虚》、《亢桑子》(即《庚桑楚》)之属，皆空语无事实。然善属书离辞，指物类情，用剽剥儒、墨，虽当世宿学不能自解免也。其言洸洋自恣以适己，故自王公大人不能器之。楚威王闻庄周贤，使使厚币迎之，许以为相。庄周笑谓楚使者曰："千金，重利；卿相，尊位也。子独不见郊祭之牺牛乎？养食之数岁，衣以文绣，以入太庙，当是之时，虽欲为孤豚，岂可得乎？子亟去，无污我！我宁游戏污渎之中自快，无为有国者所羁，终身不仕，以快吾志焉！"

《经典释文序录》自注："太史公云：'字子休。'"但《史记》

本传中并无此语。《序录》又云“梁国蒙县人也”，似蒙为梁国地名。按蒙即春秋时之蒙泽，本宋邑，在故汳水之南，今河南商丘县东北有蒙县故城，而所谓“漆园”者即在蒙县故城中。但《寰宇记》谓“漆园城在冤句北五十里，城北有庄周钓鱼台”，则又在山东菏泽县北。按宋亡后，齐、魏、楚共分其地，而蒙入于魏，故《地理志》亦云：“蒙县属梁国。”当以在商丘一说为是。《史记索隐》又引刘向《别录》云“宋之蒙人”，则据前为宋地言之。他曾和惠施为友，而死于惠施之后（如濠梁观鱼的戏言，见于《庄子·秋水》：“庄子与惠子游于濠梁之上，庄子曰：‘倏鱼出游从容，是鱼之乐也。’惠子曰：‘子非鱼，安知鱼之乐？’庄子曰：‘子非我，安知我之不知鱼之乐？’”鸱鸦甘鼠的谑词，亦见《秋水》，略谓庄子至大梁，惠子时为梁相。庄子以鹓雏自比，以鸱鸮比惠子、腐鼠比相位，戏惠子曰：“于是鸱得腐鼠，鹓雏过之，仰而视之曰‘吓’。”这些都是庄子和惠施二人的故事，而《徐无鬼》篇记庄子过惠施之墓感知己之亡，设郢人匠石的故事语从者曰：“自夫子之死也，我无以为质矣！”可见他死在惠施之后），其年代约在惠施与公孙龙之间。

《汉志》道家有《庄子》五十二篇，今存三十三篇，分内篇七、外篇十五、杂篇十一。内篇较可信，外篇、杂篇便不免有后人加入的话。如《胠箧》篇谓“田成子十二世有齐国”，自田成子至齐亡亦仅十世（依《史记》），即依《竹书纪年》亦仅十二世，庄子当齐宣王时，即略迟亦决不及见齐之亡。又如《天下》篇疑亦庄子的后学所加，非庄子自作，因为篇末提到公孙龙，公孙龙决不能在庄子之前，且评述庄子的话亦不是他自己的口吻。《庄子》“寓言十九”，此点最应注意。如《盗跖》篇便完全是一篇寓言，说柳下惠的弟弟是盗跖，孔子和柳下惠为友，自告奋勇要替他去教训盗跖。盗跖拥众为盗魁，孔子往见，他正在以人肝下酒。孔子晓以仁义，动以利害，卒被叱退。归到鲁东门，逢柳下惠，叹曰：“吾所谓无病而自灸也！”这是一篇很好的小说。柳下惠即展禽，名获，居柳下，私谥惠，是春秋初年人，怎会和春秋末年的孔子做朋友呢？知道《庄子》“寓言十九”，便不至错认作事实了。

庄子的学说也以“自然”为宗，故《史记》说：“其要本归于老子。”老子以“自隐无名为务”，庄子则径是出世主义。唯其以“自然”为宗，故认“万物毕罗”，“变化无常”，莫非自然。如《秋水》篇云：“物之生也，若骤若驰，无动而不变，无时而不移。何为乎，何不为乎？夫固将自化。”则万物之变化无常，只是“自化”而已。《齐物论》云：“民湿寝则腰疾偏死，鳝然乎哉？木处则惴栗恂惧，猿猴然乎哉？三者孰知正处？民食刍豢，麋鹿食荐，蝍蛆甘带，鸱鸦嗜鼠，四者孰知正味？”《秋水》篇云：“骐骥骅骝一日而驰千里，捕鼠不如狸狌，言殊技也；鸱鸺夜撮蚤察毫末，昼出瞋目不见丘山，言殊性也。”万物处则各有所安，食则各有所嗜，技殊而性亦不同，各适其适，这只能归之“自然”。此与《天运》篇“鹄不日浴而白，乌不日黔而黑”，同一道理。《至乐》篇云：

> 种有几。得水则为㡭，得水土之际则为蛙之衣，生于陵屯则为陵舄，陵舄得郁栖则为乌足，乌足之根为蛴螬，其叶为胡蝶，胡蝶胥也化而为虫，生于灶下，其状若脱，其名为鸲掇。鸲掇千日为鸟，其名为干余骨，干余骨之沫为斯弥，斯弥为食醯。颐辂生乎食醯，黄軦生乎九猷，瞀芮生乎腐蠸。羊奚比乎不箰，久竹生青宁，青宁生程，程生马，马生人，人又反入于机。万物皆出于机，皆入于机。

这段文章，在《庄子》中最为难解，因为他所用的许多物名已不可考，而且《庄子》中的寓言，如《逍遥游》中鲲可化为鹏之类绝非事实，此段中说此物可变为那物亦非真有此事。这一段文章的大意是说，万物变化只是顺其自然、适其环境而已。《寓言》篇所谓“万物皆种也，以不同形相禅，始卒若环，莫得其伦，是为天均”，就是上文所引那一段的大意。种种变化都是“以不同形相禅”，“万物皆出于机，皆入于机”就是“始卒若环”，而所谓“天均”者即是“自然”之道。他认为万物的变化完全是“自化”，完全是由于“自然”，故《山木》篇又云：“化其万化而不知其禅之者，焉知其所终，焉知其所始？正而待之而已耳！”“正而待之”即是“任其自化”。因“任其自化”，故其人生观与处世之道为乐天安命的达观主义，其政治思想为纯顺自然的放任主义。

《大宗师》篇有两段想入非非的寓言，发挥他的达观主义。子舆有病，子祀问他：“女恶之乎？”子舆说：

> 亡！予何恶？浸假而化予之左臂以为鸡，予因以求时夜；浸假而化予之右臂以为弹，予因以求鸮炙；浸假而化予尻以为轮，以神为马，于因而乘之，岂更驾哉？……且夫物之不胜天久矣，吾又何恶焉？

因为物不胜天，故只能随自然而白化。又说子犁去看子来的病，子来对他道：

> 父母于子，东西南北唯命是从。阴阳于人，不翅于父母。彼近吾死而我不听，我则悍矣，彼何罪焉？夫大块载我以形，劳我以生，佚我以老，息我以死，故善吾生者乃所以善吾死也。今大冶铸金，金踊跃曰“我且必为镆铘”，大冶必以为不祥之金。今一犯人之形，而曰“人耳人耳”，夫造化者必以为不祥之人。令一以天地为大炉，以造化为大冶，恶乎往而不可哉？

人、物只是大冶造化的天地大炉中所冶铸的金，铸成什么，或熔毁、或铸成，不能自作主张。所以人只得安命，故又引子桑临终的话："吾思夫使我至此极者而弗得也。父母岂欲我贫哉？天无私覆，地无私载，天地岂私贫我哉？求其为之者而不得也。然而至此极者，命也夫！""命"，真是"物之所不得遁"的了！贫富贵贱是命，寿夭生死也是命，故《养生主》篇引老聃死时秦失之言云："适来，夫子时也；适去，夫子顺也。安时而处顺，哀乐不能入也。"对于这无可如何的"命"所赋予的生死寿夭、贫富贵贱，我们既只能"依乎天理，因其固然"（用《养生主》语），所以一切得达观，一切是非、善恶、得失，祸福功名，……在达观的人看来，都是无谓的、虚诞的差别相，《齐物论》把大小、寿夭、是非等差别看做一律，《逍遥游》视"至人无己，神人无功，圣人无名"，都是这个意思。因此，他处世的态度也只是乐天安命，任其自化。《人间世》假托蘧伯玉的话道："彼且为婴儿，亦与之为婴儿；彼且为无町畦，亦与之为无町畦；彼且为无崖，亦与之为无崖。达之，入于无疵。"不但如此，人家说他无用，他就安于无用，而且以无用为大用，故《逍遥游》以五石之瓠自喻，以拥肿盘曲之大樗自喻；而《山木》篇则鉴于山木之以材被戕，雁之以不能鸣见杀，而愿自处于材与不材之间。庄子的人生观、处世观，见解可说是高超极了，但极易流于随俗浮沉，不问社会理乱、民生苦乐的乐天安命论。总之，是个人的、出世的自然主义。

他的政治思想，可以说是无政府的思想，也以纯任自然、反对干涉为宗旨。《应帝王》篇有一则寓言：“南海之帝为倏，北海之帝为忽，中央之帝为浑沌。倏与忽时相遇于浑沌之地，浑沌待之甚善。倏与忽谋报浑沌之德，曰：‘人皆有七窍以视听食息，此独无有，尝试凿之。’日凿一窍，七日而浑沌死。”可见反自然的改造，即使是出于善意的，也不如任其自然。《马蹄》篇发挥此旨更为畅达，其言曰：

> 马，蹄可以践霜雪，毛可以御风寒，龁草饮水，翘而足陆（跳也），此马之真性也。虽有义台路寝，无所用之。及至伯乐，曰：“我善治马。”烧之，剔之，刻之，雒之，连之以羁馽，编之以阜栈，马之死者十二三矣；饥之，渴之，驰之，骤之，整之，齐之，前有橛饰之患而后有鞭策之威，而马之死者已过半矣！陶者曰：“我善治埴，圆者中规，方者中矩。”匠人曰：“我善治木，曲者中钩，直者应绳。”夫埴木之性岂欲中规矩、钩绳哉？然且世世称之曰“伯乐善治马而陶匠善治埴木”，此亦治天下者之过也！

他认为历史上所谓古先圣王设礼乐、刑政以治民者，也正和伯乐治马、陶匠治埴木一样地戕贼人类自然的真性！所谓圣王者，因为人民有所争执，故想出量多少的斗斛、称轻重的权衡、度长短的尺寸来做标准，可是人们质朴的本性因此被凿了，于是有大斗进、小斗出，重秤进、轻秤出，长尺进、短尺出的狡猾方法，至于仁义、和平等好听的道德名词，也是古圣王设以奖励人们为善的，而狡猾的人们则又假借之以为其残暴奸恶的烟幕。所以《胠箧》篇云：

> 为之斗斛以量之，则并与斗斛而窃之；为之权衡以称之，则并与权衡而窃之；为之符玺以信之，则并与符玺而窃之；为之仁义以矫之，则并与仁义而窃之。……彼窃钩者诛，窃国者为诸侯，诸侯之门而仁义存焉，则是非窃仁义、圣知邪？

然则将如之何？《胠箧》篇又云："绝圣弃知，大盗乃止；擿玉毁珠，小盗不起；焚符破玺，民乃朴鄙；掊斗折衡，而民不争。"把圣知、珍宝和认为示信用的符玺、做标准的斗衡，一切物质文明都毁了，则人自归真反朴，复归于自然的至德之世。干涉人民的政治，只是治丝愈棼而已！我想，如使庄子复生于今日，对于独裁政治一定是反对的！

由上章及本章上文所述观之，则老庄道家的"自然主义"，是个人的、非社会的、非人治的。故战国时的道家，有顺世的个人主义之杨朱、遁世的个人主义之陈仲、非人治的无政府主义之许行，再转一个弯，则为非人治的法治主义之慎到。杨朱的学说，见于《孟子》者曰"为我"。孟子一则曰"杨子为我，是无君也"，再则曰"杨子取为我，拔一毛而利天下不为也"，且常与主“兼爱”的墨子并举。杨、墨二子，一主利己，一主利他，一是极端的个人主义，一是极端的全人类主义，确是相反的。《列子》有《杨朱》篇述其说更详，但今存《列子》是魏晋间人依托列御寇而作的，不能据以评述战国时的杨朱，且留作魏晋间颓废思想的代表。许行的主张“并耕”，废去“治人”、“治于人”的阶级，是因反对人治而主张无政府的，其学说亦略见于《孟子》因为他是“为神农之言”的，故后世论诸子学派的归之农家，也须留待下文评述农家时再说。至因非人治而主张法治的慎到，则又流人法家，当与法家诸子一并评述。本章且附述陈仲一人吧！

陈仲即田仲（“陈”、“田”古音近，通用。如《论语》中的“陈恒”，《史记》作“田常”），齐人。《荀子·非十二子》篇以之与史鳍并举，说他“忍情性，綦谿利跂，苟以分异人为高，不足以合大众、明大分”。《战国策·齐策》赵威后问齐使，有云：“於陵仲子尚存乎？是其为人也，上不臣于王，下不治其家，中不索交于诸侯，此率民而出于无用者，何为至今不杀乎？”但都不如《孟子·滕文公》篇所说之详：

匡章曰：“陈仲子岂不诚廉士哉？居於陵，三日不食，耳无闻、目无见也，井上有李，螬食实者过半矣，匍匐往将食之，三咽，然后耳有闻、目有见。”孟子曰：“于齐国之士，吾必以仲子为巨擘焉。虽然，仲子恶能廉？充仲子

> 之操，则蚓而后可者也！夫蚓，上食槁壤，下饮黄泉。仲子所居之室，伯夷之所筑与，抑亦盗跖之所筑与？所食之粟，伯夷之所树与，抑亦盗跖之所树与？是未可知也。”曰:“是何伤哉？彼身织屦、妻辟纑以易之也。”曰:“仲子，齐之世家也，兄戴盖禄万钟。以兄之禄为不义之禄而不食也，以兄之室为不义之室而不居也，避兄离母，处于於陵。他日归，则有馈其兄生鹅者，已频顣曰:‘恶用是鶃鶃者为哉？’他日，其母杀是鹅也与之食之，其兄自外至，曰:‘是鶃鶃之肉也！’出而哇之。以母则不食，以妻则食之；以兄之室则弗居，以於陵则居之，是尚为能充其类也乎？若仲子者，蚓而后充其操者也！”

陈仲子是齐王的同族，其兄又食邑于盖，所以是齐国的世家贵族。他却宁可独处於陵，与其妻辟纑织屦，过极刻苦的生活，殆以不劳而食为人生最可耻者，故《韩非子》也有“田仲不恃仰人而食”的话。虽其刻苦生活正与伪《列子·杨朱》篇所写的纵欲生活相反，但其为极端的个人主义则同。因为他的理想是脱离社会、国家而自食其力的个人主义，故赵威后直斥为“率民而出于无用”，荀子亦认为“不足以合大众、明大分”，至于孟子的批评则未免近于挖苦。

陈仲子并无著述传于今世，故我们探究春秋战国时道家的学说，除《老子》外，仍当以庄子为主。《天下》篇有一段评述庄子的话，兹摘录之以作本章的结论：

芴（一本作“寂”）漠无形，变化无常。死与生与，天地并与，神明往与！芒乎何之，忽乎何适？万物毕罗，莫足以归。古之道术有在于是者，庄周闻其风而悦之。以谬悠之说、荒唐之言、无端崖之辞，时纵恣而不傥，不以觭见之也。以天下为沉浊，不可与庄语，以卮言为曼衍，以重言为真，以寓言为广。独与天地精神往来而不敖倪于万物，不谴是非，以与世俗处。其书虽瑰玮而连犿无伤也，其辞虽参差而諔诡可观。彼其充实不可以已，上与造物者游而下与外死生、无终始者为友。其于本也，弘大而辟，深闳而肆；其于宗也，可谓稠适而上遂矣。虽然，其应于化而解于物也，其理不竭，其来不蜕，芒乎昧乎，未之尽者。

“芴漠无形”者，自然之至道；“变化无常”者，宇宙之万象。“死与生与”者，方生方死，生死可一，悟此，则与天地为一，与神明俱游，逍遥乎无何有之乡，不自知其何之何适，“万物毕罗，莫足以归”了。这就是下文所谓“独与天地精神往来而不敖倪于万物”，“上与造物者游而下与外死生、无终始者为友”。至于其书所以多“谬悠之说、荒唐之言、无端崖之辞”，或以“卮言”、“重言”、“寓言”出之者，因为他“以天下为沉浊，不可与庄语”，故“不谴是非，以与世俗处”，则“其书虽瑰玮而连犿无伤也，其辞虽参差而諔诡可观”，要在吾人善读之而已。然其于本则弘辟深肆，于宗则稠适上遂，其应于物而解于物，则“其理不竭，其来不蜕”而尚有未之尽者。这段文章，可谓能举庄子之要。读者如能领略大意，则于《庄子》一书已“思过半矣”！

第九章
墨　家

孟子曾说："杨朱、墨翟之言盈天下。"（见《滕文公》）杨朱之书不见于《汉书·艺文志》，其生平行谊亦无可考。特以"拔一毛而利天下不为"的"为我"、"无君"之旨言之（《孟子·滕文公》云："杨氏为我，是无君也。"又云："杨子取为我，拔一毛而利天下不为也。"）则亦道家者流。是当时诸子之学，足与儒、道抗衡者，墨而已矣。墨家之学，至战国末而犹盛，故《韩非子·显学》篇云："今之显学，儒、墨也。"此派学说，何以称为"墨"？或谓其人"以绳墨自矫"，故谓之"墨"。一般人则以为此派所以名曰"墨"者，因其开祖为墨翟，故名曰"墨"学派。

《史记》不为墨翟立传，仅于《孟子荀卿列传》末附赘数语云："盖墨翟，宋之大夫，善守御，为节用。或曰并孔子时，或曰在其后。"故其生平，较孟，荀、老、庄更不得知其详。墨子，姓墨，名翟（近有人就此二字望文生义，以为他是印度人，说颇荒诞）。因曾为宋大夫，所以有人说他是宋人。清孙诒让考定他是鲁人。至于他的年代，则清毕沅《墨子序》说他是六国时人，至周末犹存。毕说已被孙诒让驳倒（见《墨子间诂·非攻中》)，不必再提。孙氏《墨子年表》序云：

> 窃以今五十三篇之书推校之，墨子前及与公输般、鲁阳文子相问答，而后及见齐太公和（见《鲁问》篇，田和为诸侯在周安王十六年）与齐康公兴乐（见《非乐上》篇，康公卒于安王二十三年）、与楚吴起之死（见《亲士》篇，在安王二十一年）。上距孔子之卒（敬王四十一年）几及百年，则墨子之后孔子盖信。审核前后，约略计之，墨子当与子思同时，而生年尚在其后（子思生于鲁哀公二年，周敬王二十七年也）。当生于周定王之初年而卒于安王之季，盖八九十岁，亦寿考矣。

胡适《中国古代哲学史大纲》对孙氏的考证，曾批评其未确，大意分二点：一、孙氏所据，为《鲁问》、《非乐上》及《亲士》三篇。《鲁问》篇乃后人所辑，所谓“齐大王”未必即是田和，即是田和亦未必可信。《非乐》篇中屡用“是故子墨子曰为乐非也”句，明出后人补缀，其中所引事实未必皆墨子所亲见。《亲士》篇全为儒家言，更不可信。二、《吕氏春秋·上德》篇说吴起死时，阳城君得罪于楚，楚派兵收其国，墨者巨子孟胜为阳城君守，与其弟子百八十三人死之。孟胜将死，派二弟子把巨子的职位传给宋国的田襄子，并且说：“绝墨者于世，不可。”则其时墨者巨子已是孟胜，墨翟已死了许多年了。胡氏以为孙氏所考，不及汪中的精确。汪中《述学·墨子序》有云：

墨子实与楚惠王同时。……其年于孔子差后，或犹及见孔子矣。……《非攻中》篇言知伯以好战亡，事在春秋后二十七年；又言蔡亡，则为楚惠王四十二年，墨子并当时及见其事。《非攻下》篇言“今天下好战之国，齐、晋、楚、越”，又言“唐叔与吕尚邦齐、晋，今与楚、越四分天下”，《节葬下》篇言“诸侯力征，南有楚、越之王，齐、晋之君”，明在勾践称霸之后、秦献公未得志之前，全晋之时，三家未分、齐未为陈氏也。……《檀弓下》“季康子之母死，公输般请以机封”，此事不得其年。季康子之卒在哀公二十七年，楚惠王以哀公七年即位，般固逮事惠王。《鲁问》篇“楚人与越人舟战于江，公输子自鲁南游楚，作钩强以备越”，亦吴亡后楚与越为邻国事。惠王在位五十七年，本书既称其以老辞墨子，则墨子亦寿考人欤？

依汪中所考推之，则墨子当生于周敬王二十年至三十年间，死在威烈王初年，正孔子门下极盛之时。

墨子既是鲁国人，又生当孔门极盛之时，所以《淮南子·要略》说：“墨子学儒者之业，受孔子之术。”虽不能确指为事实，似有几分可信。《要略》又接着说：“以为其礼烦扰而不悦，厚葬靡财而贫民，久服丧生而害事，故背周道而用夏政。”所谓“周道”指儒家之道,所谓“夏政”即墨子所托之古。《墨子·公孟》篇云：

> 儒之道足以丧天下者，四政焉。儒以天为不明，以鬼为不神，天鬼不悦，此足以丧天下；又厚葬久丧，重为棺椁，多为衣衾，送死若徒，三年哭泣，扶然后起，杖然后行，耳无闻，目无见，此足以丧天下；又弦歌鼓舞，习为声乐，此足以丧天下；又以命为有，贫富寿夭、治乱安危有极矣，不可损益也，为上者行之必不听治矣，为下者行之必不从事矣，此足以丧天下。

所以墨子的主张“明鬼”、“节葬”、“非乐”、“非命”，全因反对儒家而起。墨子之别创新说，可以说是受了儒家的影响而起的反动。

梁启超《墨子学案》说墨子的根本观念是兼爱，是不错的。但墨子的主张兼爱，实由目击当时连年的战祸，思有以挽救之，故其目的仍在“非攻”。《兼爱上》云：“圣人，以治天下为事者也，不可不察乱之所自起。当（同‘尝’）察乱何自起，起不相爱。”又云：“故天下兼相爱则治，交相恶则乱。”《兼爱中、下》更明说要“兴天下之利，除天下之害”，非兼爱不可。兼相爱，必求其交相利，故以大众的福利为福利，不惜牺牲自己以利天下，这是“义”的。兼爱的反面是自私自利，故以自己的利益为利益，甚且损人以利己，这是“不义”的。个人与个人之间如此，国与国之间也如此。故《非攻上》篇从最小的“亏人自利”之事——“入人园圃，窃其桃李”说起，一层层地推而大之，次之是“攘人犬豕鸡豚”，次之是“入人栏厩，取人马牛”，次之是“杀不辜人，扡其衣裘，取其戈剑”，以至“攻国”，证明其为最大的“亏人自利”，最大的“不义”。《非攻中、下》更推论攻国的“不利”，如云：“计其所自胜，无所可用也；计其所得，反不如所丧者之多。”又云：“虽四五国得利焉，犹谓之非行道也。譬若医之药人之有病者然。今有医于此，和合其祝药之于天下之有病者而药之，万人食此，若医四五人得利焉，犹谓之非行药也。”以武力侵略他国的，纵使胜利，已所得不偿所失；即退一步说，认它得利，得利的仍只少数侵略的国家，以大多数国家民族的福利论，只能谓为“不利”。这些不义而又不利的攻战，推其原因，都由“亏人自利”之故，对症下药，自非提倡兼爱不可了。

墨子的“非攻”，不是徒托空言的。孙诒让的《墨子传略》曾根据《公输》篇和《鲁问》篇撮叙他止楚攻宋的事实，现在节录如下：

公输般为楚造云梯之械成、将以攻宋。墨子闻之，起于鲁，行十日十夜而至于郢，见公输般。公输般曰：“夫子何命焉为?”墨子曰:“北方有侮臣者，愿藉子杀之。”公输般不悦。墨子曰:“请献十金。”公输般曰:“吾义固不杀人。”墨子起，再拜曰:“请说之。吾从北方闻子为梯，将以攻宋。宋何罪之有?荆国有余于地而不足于民，杀所不足而争所有余，不可谓智;宋无罪而攻之，不可谓仁;知而不争，不可谓忠;争而不得，不可谓强;义不杀少而杀众，不可谓知类。”公输般服。墨子曰:“然，胡不已乎?”公输般曰:“不可，吾既已言之王矣。”墨子曰:“胡不见我于王?”公输般曰:“诺。”墨子见王。……王曰:“善哉!虽然，公输般为我为云梯，必取宋，”于是见公输般。墨子解带为城，以褋为械，公输般九设攻城之机变，墨子九距之。公输般之攻械尽，墨子之守圉有余。公输般诎，而曰:“吾知所以距子矣，吾不言。”墨子亦曰:“吾知子之所以距我，吾不言。”楚王问其故，墨子曰:“公输子之意，不过欲杀臣。杀臣，宋莫能守，乃可攻也。然臣之弟子禽滑厘等三百人已持臣守圉之器，在宋城上而待楚寇矣，虽杀臣不能绝也。”楚王曰:“善哉!吾请无攻宋矣。”公输子谓墨子曰:“吾未得见之时，我欲得宋。自我得见之后，予我宋而不义，我不为。”墨子曰:“翟之未得见之时也，子欲得宋;自翟得见于之后，予子宋而不义，子弗为，是我予子宋也。子务为义，翟又将予子天下。”

照这件事实看来，墨子求世的热心、实行的胆力、计划的周详、言辞的剀切，都还活跃在纸上，难怪楚王和公输般都会被他所折服了。

墨子之“非攻”，在实现其兼爱。能实现其兼爱，则“老而无妻子者，有所侍养以终其寿；幼弱孤童之无父母者，有所放依以长其身”（见《兼爱下》）。此种论调，似与儒家论“大同”之治所谓“老有所终，壮有所用，幼有所长，矜寡孤独废疾者皆有所养”（见《礼记·礼运》）相同，而儒家所谓“泛爱众”（见《论语·学而》）亦极似兼爱。但其中有一极大的差异，儒家论“泛爱”重在“推恩”，如《孟子》之“亲亲而仁民，仁民而爱物”，《大学》之“老吾老以及人之老，幼吾幼以及人之幼”者皆是。既在由己推而及人，则己与人之间不能无差别。墨子则主张“兼以易别”（见《兼爱下》），儒家之爱是“别”而非“兼”，墨家之爱是“兼”而非“别”，故曰：“爱人，待周爱人，而后为爱人。”（《小取》）因为既有人、己之别，则至彼我利害冲突时，将不恤“亏人以利己”，故又曰：“本原别之所生，天下之大害。”惟其兼而无别，以全人类之利为利，故宁牺牲小我以利大我，所以能有“摩顶放踵，利天下为之”的精神。

墨子的兼爱论陈义甚高，但人们多疑其不适于用。故或难墨子曰：“即善矣，虽然，岂可用哉？”墨子毅然答道：“用而不可，虽我亦将非之。且焉有善而不可用者？”（《兼爱下》）墨子固抱“义”、“利”一致的观念者，故曰：“义，利也。”（《经上》）凡于实际有利的，即是“义”的；而其所谓“利”，则指一社会或全人类之利而非个人之私利，故常言“中国家、百姓、人民之利”。因此，凡“节葬”、“节用”、“非乐”、“非命”……都因为要利国家、百姓，或者因为它们对于国家、百姓实际上并没有利的缘故。墨子尝云：“言必有三表，何谓三表？……有本之者，有原之者，有用之者。于何本之？上本之于古者圣王之事。于何原之？下原察百姓耳目之实。于何用之？发以为刑政，观其中国家、百姓、人民之利。此所谓言有三表也。”（《非命上》）这是墨子常常应用的“三表法”。三表中，最重要的还是第三种。例如《非乐》篇反对音乐，因为它费钱财，不能求百姓的贫苦，不能保护国家，容易养成奢侈的习惯。他既事事以实利及应用为标准，所以几项重要的主张都为实用而设，《鲁问》篇云：

> 凡入国，必择务而从事焉。国家昏乱，则语之尚贤、尚同；国家贫，则语之节用、节葬；国家憙音沉湎，则语之非乐、非命；国家淫僻无礼，则语之尊天、事鬼；国家务夺侵凌，则语之兼爱、非攻，故曰必择务而从事焉。

所谓“择务从事”，也是主张以实际应用为前提。

墨子以兼爱为根本观念，以实用为根本原则，实极合于战国初年救世之要，且远于儒家之迂远、道家之虚无。但他一方面提创实用，一方面又抬出一个“天”来，《天志上》云：“我有天志，譬若轮人之有规，匠人之有矩。轮、匠执其规矩以度天下之方圆，曰：‘中者是也，不中者非也。’今天下之士君子之书不可胜载，言语不可胜计，上说诸侯、下说列士，其于仁义则大相远也。何以知之？曰我得天下之明法度以度之。”“天下之明法度”即指“天志”。“天志”是什么呢？是兼爱。故《天志下》云：“顺天之意何若？曰兼爱天下之人。”《法仪》亦云：“天必欲人之相爱相利，而不欲人之相恶相贼也。”又云：“奚以知天之兼而爱之、兼而利之也？以其兼而有之、兼而食之也。”天的志要人兼相爱、交相利，所以全人类都当顺天之意而兼相爱、兼相利。所以《尚同上》主张“上之所是必皆是之，所非必皆非之”，以求思想的统一。《尚同中》更推而求其上同乎天，说：“夫既上同乎天子而未上同于天者，则天菑将犹未止也。”所谓“上同乎天”者，即是要人人以天所“志”的兼爱为志。他以天为有意志的主宰，能制裁人，故《天志上》云：“杀一不辜者必有一不祥。杀不辜者谁也？则人也。予之不祥者谁也？则天也。”又云：“顺天意者，兼相爱，交相利，必得赏；反天意者，别相恶，交相贼，则得祸。”并且深信有鬼神，能赏善罚恶，故《明鬼下》云：“吏治官府之不絜廉，男女之为无别者，[有]鬼神见之；民之为淫暴寇乱盗贼，以兵刃毒药水火迓（原文作‘退’，依孙诒让校改）无罪人乎道路，夺人车马衣裘以自利者，有鬼神见之。”他是真信有鬼神的，所以《公孟》、《非儒》二篇中驳儒家之不信真有鬼神而主厚葬久丧为“无鱼而下网”。由此观之，墨家带有极浓厚的宗教的色彩，而墨子俨然是创教的教主。墨子之后，有所谓“巨子”者继承之，以主持其教，在古籍中尚可考见者，有孟胜、田襄子、腹䵍三人。

墨子主张“节用”、“节葬”，故司马谈批评他，以为“俭而难遵”，其说曰：

> 墨者亦尚尧、舜道，言其德行曰：“堂高三尺，土阶三等，茅茨不剪，采椽不刮。食土簋，啜土硎，粝粱之食，藜藿之羹。夏日葛衣，冬日鹿裘。”其送死，桐棺三寸，举音不尽其哀。教丧礼，必以此为万民之率。使天下法若此，则尊卑无别也。夫世异时移，事业不必尽同。故曰“俭而难遵”。

尧、舜固然俭德可风，但其所以住茅茨采椽的房屋，用土簋土硎的器具，还因当时物质文明尚未发达。“世异时移，事业不必同”的话是对的。但这不过是墨子的“托古”，借尧、舜以提倡其节俭，并非欲复尧、舜时代的生活。儒家祖述尧、舜，取其禅让；墨家尚尧、舜道，则取其节俭，真是韩非所谓“孔、墨俱道尧、舜而取舍不同”。司马谈说他教丧礼以此为法，则尊卑无别，仍没有搔到痒处。《汉书·艺文志》的批评，比司马谈更不得要领（原文引见第二章），他硬要证明墨家出于“清庙之守”，故如此说。其实，清庙的“茅屋采椽”虽与墨家的尚俭无关，还勉强可以比附，至于“养三老五更”和“兼爱”、“以孝视天下”和“尚同”则绝无可以牵合之处，馀如“选士大射”、“宗祀严父”、“顺四时而行”和墨家的“上贤”、“右鬼”、“非命”更不能强拉在一处说。末又云：“及蔽者为之，见俭之利，因以非礼，推兼爱之意而不知别亲疏。”不知主张节用，反对儒家的“烦扰而不悦”的礼；主张兼爱，以“别”为天下之害所由生，正是墨子自己的理论啊！《汉志》对于墨家虽有好评，倒不如力距杨、墨的孟子的攻击。他曾说：“墨子兼爱，是无父也；杨氏为我，是无君也。无父、无君，是禽兽也！”这简直是谩骂了。但以“兼爱”为“无父”、“为我”为“无君”，则不无理由。兼爱，要把自己的父亲和别人的父亲看成一样，所以说他“无父”；君是代表国家的，“为我”是绝对的个人主义，没有国家的观念，所以说他“无君”。孟子斥他们为禽兽，固未免太过，而其所提出的两点却正是杨、墨二家的根本观念。荀子批评墨子，则云“墨子蔽于实而不知文”（《正论》），“墨子有见于齐，无见于畸”（《天论》），亦极中肯。

《庄子·天下》篇论墨翟、禽滑厘的一段议论说得最畅达、最扼要，兹特节录如左：

不侈于后世，不靡于万物，不晖于数度，以绳墨自矫而备世之急，古之道术有在于是者，墨翟、禽滑厘闻其风而悦之。为之大过，已之大顺（“大”同“太”。“顺”、“甚”音近义通。“为之”指积极方面的勤苦，“已之”指消极方面的节俭）。作为“非乐”，命之曰“节用”，生不歌，死无服。墨子泛爱兼利而非斗，其道不怒，又好学而博，不异（谓欲令天人皆同宗之），不与先王同，毁古之礼乐。黄帝有《咸池》，尧有《大章》，舜有《大韶》，禹有《大夏》，汤有《大濩》，文王有辟雍之乐，武王、周公作《武》。古之丧礼，贵贱有仪，上下有等，天子棺椁七重，诸侯五重，大夫三重，士再重。今墨子独生不歌，死无服，桐棺三寸而无椁，以为法式。以此教人，恐不爱人；以此自行，固不爱已。未败墨子道。虽然，歌而非歌，哭而非哭，乐而非乐，是果类乎？其生也勤，其死也薄，其道太觳；使人忧，使人悲，其行难为也。恐其不可以为圣人之道，反天下之心，天下不堪。墨子虽独能任，奈天下何？离于天下，其去王也远矣！墨子称道曰："昔者禹之湮洪水、决江河而通四夷九州也，名山三百，支川三千，小者无数。禹亲自操橐耜而九（同‘纠’）杂天下之川，腓无胈，胫无毛，沐甚雨，栉疾风，置万国。禹，大圣也，而形劳天下也如此。"使后世之墨者，多以裘褐为衣，以跂蹻为服（‘跂’同‘屐’，木屐；‘蹻’同‘屩’，

> 麻履），日夜不休，以自苦为极，曰:“不如此，非禹之道也，不足谓墨。”……墨翟、禽滑厘之意则是，其行则非也。将使后世之墨者，必自苦以腓无胈、胫无毛相进而已矣。乱之上也，治之下也。虽然，墨子真天下之好也，将求之不得也，虽枯槁不舍也，才士也夫！

墨子的勤俭自苦，不但生前无音乐、美术等可以调剂精神，死了之后也不得稍享丧祭的虚荣，的确太不近人情。庄子批评他“其道太觳”、“反天下之心，天下不堪”，真是一针见血之谈。他所以要提出“天志”、“明鬼”来，建立宗教性的学派，或者正是因此。但他“摩顶放踵，利天下为之”的精神，却真值得钦佩，所以庄子也有“真天下之好也”、“才士也夫”的赞叹。

第十章
法　家

第十章
法 家

“法”字本作“灋”。《说文解字》云：“灋，刑也。平之如水，从水；廌，所以触不直者去之，从廌、去。法，今文省。佱，古文。”廌者解廌，亦作獬豸。据古代传说，是能触不直之人的神兽，似羊而一角。使兽触人，定其不直，大概是初民时代的迷信的习俗。古文“法”字，从亼、正，会意。《尚书·吕刑》云：“苗民弗用灵，制以刑，惟作五虐之刑曰法。”则五刑之作，本以制苗民，是汉人对付被征服的民族用的。《尚书·帝典》：“帝曰：‘皋陶，蛮夷猾夏，寇贼奸宄，女作士，五刑有服。’”（所引在今本伪古文《尚书·舜典》中，《舜典》本《尧典》分出，则亦在今文《尚书》中。《大学》引《尧典》语，作“帝典”。）所谓“猾夏”之“蛮夷”，亦可包括苗民在内。胡适据此，以为刑罚的“法”字是“后来才从苗民输入中国本部的”（见《古代哲学史大纲》），恐未可信。胡氏又说“灋”和“佱”完全是两个字，前者是刑罚之法，后者是模范之法。其实，这两个字都含有“模范”、“刑罚”两种意义。“刑”字在古书上也多作“型”字用，如《诗经》“刑于寡妻”的“刑”字；而刑法即以法为人之畴范，使皆归于正。所以“灋”和

"佱"字形虽异，含义仍同。《易·系辞》云："是以明于天之道而察于民之故，是兴神物以前民用。……见乃谓之象，形乃谓之器，制而用之谓之法。"梁启超《先秦政治思想史》引此，并释之云："所谓'法'者，纯属自然法则的意义。法之本源在'天之道'与'民之故'。此道与故表现出来者谓之'象'，象成为具体的谓之器，模仿此器、此象制出一种应用法则来谓之'法'。"其实，《易·系辞》此段是论圣人作《易》，所谓"神物"是《易》之蓍、卦、六爻，所谓"法"是《易》之占卜之法，法家之"法"并不指此。

《管子·七法》云：

> 根天地之气、寒暑之和、水土之性、人民鸟兽草木之生，物虽不甚多，皆均有焉而未尝变也，谓之则；义也、名也、时也、似也、类也、比也、状也，谓之象。尺寸也、绳墨也、规矩也、衡石也、斗斛也、角量也，谓之法。

"则"指自然的法则，"象"指人们由观念印象而生的种种区别，"法"指人为的种种范畴。法家的"法"也是人为的范畴之一，所以范围人之行为者。《尹文子》更说得明白：

> 法有四呈，……一曰不变之法，君臣上下是也；二曰齐俗之法，能鄙异同是也；三曰治众之法，庆赏刑罚是也；

四曰平准之法，律度权衡是也。

这四种都是人事的范畴，都可名之曰“法”。而法家之“法”，则似专指“治众之法”而言（胡适说），至少也以“治众之法”为用、以其余三者为体（梁氏说），非“治众之法”则其余三者亦无以运用。而且所谓“治众之法”，必须由政府制定、公布、执行的成文法，方是法家所说的“法”。故《韩非子·定法》云：“法者，宪令著于官府，刑罚必于民心，赏存乎慎法而罚加乎奸令者也。”《难三》云：“法者，编著之图籍，设之于官府而布之于百姓者也。”必如此，方可以“齐天下之动”，而为“至公大定之制”（《慎子》佚文，马骕《绎史》引）。我国公布成文法，似起于春秋时。《左传》昭六年记郑人铸刑书，晋叔向诒书于郑国执政子产，表示不赞成，以为“民知有辟则不忌于上，并有争心，以征于书而徼幸以成之，弗可为矣”，并谓“夏有乱政而作禹刑，商有乱政而作汤刑，固有乱政而作九刑”，都是“叔世”之事，故欲铸刑书以靖民，结果适使民有争端，弃礼而征于书，从此乱狱滋多、贿赂并行。子产的答书虽很简单而曰“吾以救世”，则认公布刑书为必要，已可见了。又昭公二十九年，晋赵鞅、荀寅执政，铸范宣子的刑书于刑鼎。据所记蔡史墨的话，则主张铸刑鼎的是荀寅。《左传》所载孔子评语，似乎是反对范宣子采用“夷法”而弃唐叔所受之法度（如云“夫晋国将守唐叔之所受法度，以经纬其民”，

“今弃是度也而为刑鼎”，“且夫宣子之刑，夷之蒐也，晋国之乱制也，若之何以为法”）。后来郑国又杀邓析而用其竹刑，竹刑大概是用竹简书成文的刑法。公布刑法既在春秋之末，则法家之兴当在其后，不言可知。

一般人所认为“法家言”者，有《管子》、《慎子》、《尹文子》、《尸子》等书。《管子》，旧题管仲撰。管仲是春秋初年齐桓公之相，名夷吾，年代最早。但此书中，如《内业》、《弟子职》等篇为儒家言，《白心》、《心术》等篇为道家言，《法法》、《七法》、《明法》等篇方为法家言，《立政》及《立政九败解》并提及墨子寝兵兼爱之说，明是后人杂凑成书，依托管仲而作的，《小称》篇不但记死于管仲之后的桓公之死，且称管仲死后百七十年的西施，证据尤为确凿。所以我们不能认管仲为法家的人物，《管子》为法家的著作。慎子，据《史记·孟子荀卿列传》及《田敬仲完世家》，名到，赵人，与田骈等同时，《庄子·天下》篇把他和田骈、彭蒙列在一气。《汉志》法家有《慎子》十二篇，今仅存五篇，其佚或见引于他书，如云：“措钧石，使禹察锱铢之重则不识也，悬于权衡则厘发之不可差。”又云：“有权衡者不可欺以轻重，有尺寸者不可差以长短，有法度者不可巧以诈伪。”又云：“君人者，舍法而以身治，则诛赏予夺从君心出矣。……君舍法而以心裁轻重，则同功殊赏、同罪殊罚矣。”又云：“法虽不善，犹愈于无法。”其言诚主“法治”，可是其书已残，不易窥其学说之全。据《吕氏春秋·正名》篇及《说苑》，尹文曾说齐湣王，其年代大概稍后于孟子。《尹文子》有云："故人以度审长短，以量受多少，以衡平轻重，以律均清浊，以名稽虚实，以法定治乱，以简治烦惑，以易御险难，万事（'万'上原有'以'字）皆归于一，百度皆准于法。归一者简之至，准法者易之极。"也是主张法治的。但《汉志》著录的《尹文子》仅一篇，而现存者倒有两篇，其论法也不如论名之详，故《汉志》列之名家；且书中又主"禁暴息兵，救世之斗"，故《天下》篇以与宋钘同列，则又近于墨家言了。至于尸佼，楚人（据《史记·孟子荀卿列传》及《集解》引刘向《别录》），相传曾为商君之客。书中虽也有关于法治的话，但终以儒家言为多。《尸子》，《汉志》原入杂家，今已亡，仅有清人孙星衍、汪继培辑存的两本。所以慎到、尹文、尸佼，也不能算作法家的代表人。

战国初，有两个实际的政治家似可认为法家的人物，一个是申不害，一个是商鞅。申子，《史记》与老、庄、韩非同传，所记极简，录之如下：

> 申不害，京人也，故郑之贱臣。学术以干韩昭侯，昭侯用为相。内修政教，外应诸侯，十五年。终申子之身，国治兵强，无侵韩者。申子之学本于黄老而主刑名，著书二篇，号曰《申子》。

《汉志》法家有《申子》二篇，阮孝绪《七录》作三卷，今已亡。传文既略，书又不存，学说如何已难考证。至于商鞅，则《史记》为之特立一传。鞅本卫之诸公子，氏曰公孙。少好刑名之学，见知于魏相公叔痤。后入秦，因宠臣景监见秦孝公，以变法说孝公，孝公以为左庶长，定变法之令。鞅乃赏徙木者以立信，刑太子之傅公子虔、黥其师公孙贾以立法，开阡陌，尚首功，秦大富强。乃封之于商，号为“商君”。及孝公卒，太子嗣立，卒被车裂。《商君书》，《汉志》列之法家，凡二十九篇，今本二十四篇。其书之《徕民》篇举“魏襄王”之谥，而襄王之死在商君死后四十二年；又称长平之胜，事在商君死后七十八年；书中又屡称秦王，而秦之称王在商君死后十余年，则《商君书》亦非鞅之所作。故此二人亦仅能认为实际的政治家，不能以之代表法家了。《韩非子·定法》篇评此二人，首云：

> 今申不害言术而公孙鞅言法。术者，因任而授官，循名而责实，操生杀之柄，课群臣之能者也，此人主之所执也。法者，宪令著于官府，刑罚必于民心，赏存乎慎法而罚加乎奸令者也，此臣之所师也。君无术则弊于上，臣无法则乱于下，此不可一无，皆帝王之具也。

次乃分别论申、商二人，而其结论，于申子则曰“虽用术于上，法不勤饰于官”，于商君则曰“法虽勤饰于官，主无术于上”。末段更进一层，说“申子未尽于术，商君未尽于法”。韩非所谓“人主所执”之术，实即《汉志》评道家所说“秉要执本”的“君人南面之术”；所谓“臣之所师”之法，亦即商君治秦“信赏必罚”之法。法家主“以简治烦”、“以易御难”，旨在“以法定治乱”，使“万事皆归于一,百度皆准于法”，而人主操此简易的、固定的、成文的法以行其统治全国之术，以收“主逸臣劳”之效，以为如此则可产几于“无为”之治。故《史记》以申、韩次老、庄之后同为一传，一则曰“申子之学本于黄老而主刑名”，再则曰韩非“喜刑名法术之学而其归本于黄老”，三则曰“韩子引绳墨，切事情，明是非，其极惨礉少恩，皆原于道德之意”。

韩非为韩之诸公子，喜刑名法术之学，口吃而善著书。尝与李斯同学于荀子，斯自以为弗如。非见韩之国势日弱，乃屡次以书谏韩王，韩王不能用，乃发愤而著书。秦王见其书，叹曰:“嗟乎！寡人得见此人与之游，虽死不恨。”李斯告之曰:“此韩非所著之书。”后非人秦，为李斯、姚贾所谗下狱，斯遗药使非自杀,《史记》本传记其事颇详。韩非所著的书,《汉志》列入法家，凡五十五篇，今本亦五十五篇，似乎并无残缺。但《初见秦》篇劝秦王伐韩，最为后世论者所诟病，其实这是张仪说秦王之辞，故与《存韩》篇劝秦王存韩自相矛盾。又《有度》篇说荆、齐、燕、魏四国之亡，事在韩非死后，齐国亡时韩非死已十二年了。则今存《韩非子》，亦已非原本。但韩非生于战国之末，其学说实集法家之大成，法家的代表人物非他莫属。

法家的特色，第一是反对“人治”，主张“法治”。《尹文子》中有一段文章，说得最妙：

> 田子（田骈）读书，曰：“尧时太平。”宋子（宋钘）曰：“圣人之治以致此乎？”彭蒙在侧，越次而答曰：“圣法之治以致此，非圣人之治也。”宋子曰：“圣人与圣法何以异？”彭蒙曰：“子之乱名甚矣！圣人者，自己出也；圣法者，自理出也。理出于己，己非理也；己能出理，理非己也。故圣人之治，独治者也；圣法之治，则无不治矣。”

这段议论说得很显明、很精辟。《尹文子》又云：

> 若使遭贤则治、遭愚则乱，则治乱续于贤愚，不系于礼乐。是圣人之术与圣主而俱没，治世之法逮易世而莫用，则乱多而治寡。

儒家主张“人治”，故虽“文武之道布在方策”，但终于“其人存则其政举，其人亡则其政息”。上所引尹文之言，正是为此而发。《韩非子·用人》篇云：

> 释法术而心治，尧不能正一国；去规矩而妄意度，奚仲不能成一轮。……使中主守法术、拙匠守规矩尺寸，则万不失矣。

这还是说不能舍法而治国，犹不能去规矩而成方圆。《商君书·修权》篇则更进一层云：

> 夫释权衡而断轻重，废尺寸而意长短，虽察，商贾不用，为其不必也。……不以法论知、能、贤、不肖者唯尧，而世不尽为尧。是故先王知自议私誉之不可任也，故立法明分，中程者赏之，毁公者诛之。

则直以舍权、度以断轻重、长短者，虽察，也是偶然的、稀有的，是不可用的。故法家反对“君人者舍法而以身治，则诛赏予夺从君心出”(《慎子》) 的“人治”，而主张“使法探人”、“使法量功’(用《管子·明法》语)，极而言之曰：“法虽不善，犹愈于无法，所以一人心也。”所以，尚“法治”是法家的一种特色。

第二是反对保守，反对诸子的“托古”。荀子的不主张“法先王”，主张“法后王”，是因为先王年代太远，文物制度已不可考。他的弟子韩非却更进一步，主张变古了。《五蠹》云：

> 今有构木钻燧于夏后氏之世者，必为鲧、禹笑矣；有决渎于殷、周之世者，必为汤、武笑矣。然则今有美尧、舜、汤、武、禹之道于当今之世者，必为新圣笑矣。是以圣人不期修古，不法常可，论世之事，因为之备。宋人有耕者，田中有株，兔走触株，折颈而死，因释其耒而守株，冀复得兔，兔不可复得而身为宋国笑。今欲以先王之政治当世之民，皆守株之类也。

下文又历述古今情事之不同，而断之曰“故事因于世而备适于事”，“世异则事异”，“事异则备变”。《心度》篇说：“故治民无常，惟治为法，法与时转则治，治与世宜则有功，……时移而治不易者乱。”就是根据“世异则事异，事异则备变”而下的结论。这类议论，在《商君书·更法》篇中已有之，如云：“圣人苟可以强国，不法其故；苟可以利民，不循于礼。”三代不同礼而王，五霸不同法而霸。”“前世不同教，何古之法？帝王不相复，何礼之循？……礼法以时而定，制令各顺其宜，兵甲备器各便其用，臣故曰‘治世不一道，便国不必法古’。汤、武之王也，不循古而兴；夏、商之灭也，不易礼而亡。然则反古者未必可非，循礼者未足多是也。”韩非的《显学》篇更把儒、墨托古改制而称道尧、舜的秘幕也揭穿了：

> 孔子、墨子俱道尧、舜而取舍不同，皆自谓真尧、舜。尧、舜不复生，将谁使定儒、墨之诚乎？殷、周七百余岁，虞、夏二千余岁，……今乃欲审尧、舜之道于三千岁之前，意者其不可必乎？无参验而必之者，愚也；弗能必而据之者，诬也。故明据先王，必定尧、舜者，非愚则诬也！

第三是主张"功用"，明白地反对儒家的仁政。所谓"功用"，即是参验一切言行的标准。《韩非子·问辩》云："夫言行者，以功用为之的彀者也。……今听言观行，不以功用为之的彀，言虽至察，行虽至坚，则妄发之说也。"《六反》篇云："人皆寐则盲者不知，皆嘿则喑者不知。觉而使之视，问而使之对，则喑盲者穷矣。"这就是以"功用"为参验之标准的例子。故又云："明主听其言，必责其用；观其行，必求其功。"他们既重视"功用"，故以仁政为迂阔而远于事情，《六反》篇云：

> 且父母之于子也，产男则相贺，产女则杀之。此俱出父母之怀妊，然男子受贺、女子杀之者，虑其后便，计之长利也。故父母之于子也，犹用计算之心以相待也，而况无父子之泽乎？……今学者之说人主也，皆去求利之心，出相爱之道，是求人主之过于父母之亲也，此不熟于论恩，诈而诬也，故明主不受也。

韩非能把人性的黑暗面尽情揭破，诚为痛快。但认为凡是父母都以计算之心待其子女，推而至于人与人之间都以计算之心相待，则亦未尽然。《管子·枢言》云："人故相憎也，人之心悍，故为之法，"则所谓法家者流，殆以人性皆恶为其立论之前提。韩非习闻荀子性恶之论，其观念当更强，故不但以仁政为迂，而直斥为不可行。

《韩非子·六反》又云：

> 母之爱子也倍父，父令之行于子者十母；吏之于民无爱，令之行于民也万父母。父母积爱而令穷，吏用威严而民听从。

《八说》篇云：

> 慈母之于弱子也，爱不可为前。然而弱子有僻行，使之随师；有恶病，使之事医。不随师则陷于刑，不事医则疑于死。慈母虽爱，无益于振刑救死，则存子者非爱也。……母不能以爱存家，君安能以爱持国？

这两段话，竟以母之于子爱之适以害之为比，以推论仁政之不如法治。故《六反》篇又以家庭作譬，下"仁"不如"法"的结论：

> 今家人之治产也，相忍以饥寒，相强以劳苦，虽犯军旅之难、饥馑之患，温衣美食者必是家也；相怜以衣食，相惠以佚乐，天饥岁荒，嫁妻卖子者必是家也。故法之为道，前苦而长利；仁之为道，偷乐而后穷。圣人权其轻重，出其大利，故用法之相忍而弃仁之相怜也。

可见他们的“弃仁”、“用法”，仍是以“功用”为前提的。

法家的蔚成一学派已在战国，其思想实受儒、道、墨三家之影响。儒家重“正名定分”，故以“礼数”使名分为具体的区别的表示而荀子之言“礼”，实最与法家之言“法”相近，前论荀子时已说到过，如《不苟》篇云：“礼，法之大分也。”《儒效》篇云：“礼者，人主之所以为群臣尺寸寻丈检式也。”又以“法后王者法其法”为主张，故其弟子韩非承其流而集法家之大成，这是法家受儒家的影响。道家谓“我无为而民自正”，盖其所秉之要、所执之本即为“自然法”，法家则殆欲以“人为法”代“自然法”以成此“无为”之治，如《管子·白心》篇云：“名正法备则圣人无事。”《尸子》云：“正名覆实，不罚而威。”《淮南子》也说：“一日刑之，万世传之，而以无为为之。”这正是司马迁所谓“其归本于黄老”了。墨家以“尚同”为统制思想、划一思想的手段，前章已略述之。墨家要“壹同天下之义”，使“上所是者下皆是之，上所非者下皆非之”，法家乃以政府所制定公布之法齐一天下，使“万事皆归于一，百度皆准于法”，以求简易之至极。虽然和墨家所尚之“同”并不一致，而其“尚同”的精神则受墨家的影响。

《庄子·天下》篇所论彭蒙、田骈、慎到三人，虽皆近于法家，但不能认他们为纯粹的法家，可以作法家的代表。司马谈及《汉志》批评法家的话前已引述，且不很中肯，本章不再称述申说。

第十一章

所谓“名家”（一）——儒道法墨的名学

第十一章
所谓“名家”（一）——儒道法墨的名学

《庄子·天下》篇末论惠施一段，列举其“历物之意”及与辩者相应之辞，以司马谈所论六家、《汉志》所叙十家例之，当属名家。所谓“名”者，本以指物，物有形，故曰：“名者，名形者也；形者，应名者也。”（《尹文子》）有一物必制一名以指之，物为“实”，代表此物的符号则为“名”，故曰“制名以指实”，“名定而实辨”，故曰：“正其所实者，正其名也。”名正，则“名闻而实喻”了。其“兼异实之名以论一意”者则谓之“辞”（以上皆用《荀子·正名》篇语），用异实之词以成“辞”，方可以表示一个完全的意思。讲究“正名”、“正辞”的方法，以为辩证知识学理之用者，谓之“名学”。所以先秦时的名学，实在和印度的因明、西洋的逻辑（logic）相同。第三章里已说过，名学是各家都有的辩证法，故名家实不能独立成为一派。

儒家的开祖孔子就主张“正名”，《论语·子路》说：“子路曰：‘卫君待子而为政，子将奚先？’子曰：‘必也正名乎！……名不正则言不顺。”“言”即是上文所说的“辞”，言辞是“兼异实之名”而组成的，名既不正，便不能合其所代表之实，则言辞自然不通顺了。孔子曾叹道:“觚不觚,觚哉?觚哉?”(《论语·雍也》)“觚”是有角之形(《汉书·律历志》注引苏林曰“六觚,六角也”,《郊礼志》注:颜师古曰“觚,角也”),故有角的酒器也叫做“觚”。后来凡盛三升的酒器,不论有角、无角都叫做“觚”,则名为觚者,实已不成为觚了。孔子此语,不过借觚以发其感慨,叹那时的名实不符,名实不符,就是“名不正”了。《论语·颜渊》:“齐景公问政于孔子,孔子对曰:‘君君,臣臣,父父,子子。’公曰:‘善哉!信如君不君、臣不臣、父不父、子不子,虽有粟,吾得而食诸?”孔子的叹“觚不觚”,实即是叹当时的“君不君、臣不臣、父不父、子不子”而已!又如他答季康子问政云:“政者,正也。子率以正,孰敢不正?”“政”字从正,本有正意,政而不正,也是名不符实,也是“名不正”。孔子的作《春秋》,便因目击当时的“君不君、臣不臣、父不父、子不子”,以致“臣弑其君者有之,子弑其父者有之”(用《孟子》论作《春秋》语),故欲以一字之褒贬,寓王者之赏罚,以正其不正,这就是实行他的“正名”了。

战国时儒家大师荀子乃专著《正名》篇,他先说无“名”的害处,以明有“名”的效用道:

> 异形离心交喻,异物名实互纽(“互”本作“玄”,从王先谦校改。杨倞注误四字一句,共作三句,今从郝懿行读),贵贱不明,同异不别,如是则志必有不喻之患而事

必有困废之祸。故知者为之分别，制名以指实，上以明贵贱，下以辨同异。贵贱明，同异别，如是则志无不喻之患、事无困废之祸，此所为有名也。

例如二物一方一圆，是谓“异形”，如无方、圆之名则无以别此异形，这叫做“异形离心交喻”。《尔雅·释兽》云：“犬未成豪曰狗。”《说文解字》云：“犬，狗之有县蹄者也。”如前说，则狗为犬之一种，犬可以包狗；如后说，则犬又是狗的一种，狗可以包犬了，这叫做“异物名实互纽”（用胡适说，见《中国古代哲学大纲》）。所以有“名”，旨即在“辨同异”，贵贱亦无非同异之一端，故又明同异之所以起云：

凡同类同情者，其天官（即指耳、目、鼻、口、心、体）之意物也同，故比方之疑似而通，是所以共其约名以相期也。形体色理以目异，声音清浊调竽奇声以耳异，甘苦咸淡辛酸奇味以口异，香臭芬郁腥臊洒酸奇臭以鼻异，疾养沧热滑铍轻重以形体异，说故喜怒哀乐爱恶欲以心异。心有征知（“有”同“又”。征，证明也。言心除“说故喜怒哀乐爱恶欲”之外，又能集视、听、味、臭、触五官所受感觉而证明知觉也）。征知则缘耳而知声可也，缘目而知形可也，然而征知必将待天官之当簿（记忆所感受之意）其类然后可也。五官簿之而不知，心征之而无说，则人莫不然谓之不知，此所缘而以同异也。

他认为同种类、同情感的人，其目、耳、口、鼻、体等五官因色、声、香、味、触诸感觉而获得的意象皆同，所以其约以相合之名亦同。但是目、耳、口、鼻、体等感官对于色、声、香、味、触等也能加以分别，五官所感受者，乃在五官感受之后又能“当簿”，各留下一个影像，于是联合能“征知”的心而成为知觉，而有以辨其所感的色、声、香、味、触之不同，这就是人们的知识所以能辨别同异的缘故。同异既别，因可以制或同或异之名，故又云：

然后随而命之，同则同之，异则异之，单足以喻之则单，单不足以喻之则兼，单与兼无所相避则共，虽共不为害矣。知异实之异名也，故使异实者莫不异名也，不可乱也，犹使异实者莫不同名也。故万物虽众，有时而欲遍举之，故谓之物。物也者，大共名也，推而共之，共则有共，至于无共然后止。有时而欲偏举之，故谓之鸟兽。鸟兽也者，大别名也，推而别之，至于无别然后止。名无固宜，约之以命，约定俗成谓之宜，异于约则谓之不宜。名无固实，约之以命实，约定俗成谓之实名。名有固善，径易而不拂谓之善名。……此制名之枢要也。

这才说到制名的枢要在乎“同则同之，异则异之”，且说明有“共名”、“别名”之不同。“推而共之”，“至于无共”，则为“大共名”，如“物”；“推而别之”，“至于无别”，则为最小的“别名”，如只能代表一个人的姓名。制名本无一定，不过“约定俗成”了，便谓之“实名”，谓之“宜”了。其论名可谓精详。本篇原文繁多，不能全引，读者可自去翻阅。

道家之著者莫如老、庄。《老子》书中也有论“名”的话：“自古及今，其名不去，以说（今本作‘阅’，此从王弼注）众甫。吾何以知众甫之状哉？以此。”“众甫”即万物。自古及今其“名”常存，以称说万物。此名既足以称其所指之物，便可因此名而知其所代表之物之德性状态，故曰“吾何以知众甫之状哉？以此”。但《老子》主张“绝圣弃知”，故主张废去为知识之原之名，这就是他的“无名”说了。他说：“名可名，非常名。无名，天地之始；有名，万物之母。”“常”同“上”，可名之名，非“上名”也。天地之始，本是无名的，故又曰：“道常（同‘尚’）无名朴，……始制有名。名亦既有，夫亦将知之（王弼本、今本皆作‘止’，今从河上公本）。知之，所以不治（王弼本作‘可以不殆’，今依胡适说改）。”因为他以为“民之难治，以其知多”，“古之为治者，非以明民，将以愚之”，故有“知之所以不治”的话，而主张“无名”了。

至于庄子，则其论“辩”见于《齐物论》及《秋水》者为最多，如云：“辩也者，有不见也。”有所不见，故各以其是非为是非而辩论以起，故曰："道隐于小成，言隐于荣华，故有儒、墨之是非，以是其所非而非其所是。"愈辩论则偏见愈深、执著愈坚，所以不能有真是非，即辩胜者亦未必是、败者亦未必非，故又云：

> 既使我与若辩矣，若胜我，我不胜若，若果是也、我果非也邪？我胜若，若不吾胜，我果是也，而果非也邪？其或是也，或非也邪？其俱是也，俱非也邪？我与若不能相知也，则人固受其黮闇，吾使谁正之？使同乎若者正之，既与若同矣，恶能正之？使同乎我者正之，既同乎我矣，恶能正之？使异乎我与若者正之；既异乎我与若矣，恶能正之？使同乎我与若者正之，既同乎我与若矣，恶能正之？然则我与若与人俱不能相知也，而待彼也邪？

那么如何方能见到真理呢？他又说："欲是其所是而非其所非，则莫若以明。""以明"者，"以儒、墨反复相明"（用郭象说），故又云：

> 物无非彼，物无非是。自彼则不见，自知则知之，故曰彼出于是，是亦因彼。……是亦彼也，彼亦是也，彼亦一是非，此亦一是非。果且有彼是乎哉，果且无彼非乎哉？

"彼"即"非是"，"是"与"非"虽相反而实相成，无"是"即无"非是"，无"非是"即无"是"了。"是"和"非是"都是一种相对的、比较的语辞，人世的是非本没有永久不变的真理，故《秋水》篇云："昔者尧、舜让而帝，（子）之、哙让而绝；汤、武争而王，白公争而灭。由此观之，争让之礼，尧、桀之行，贵贱有时，未可以为常也。"《秋水》篇又云：

> 以差观之，因其所大而大之则万物莫不大，因其所小而小之则万物莫不小。知天地之为稊米也，知毫末之为丘山也，则差数睹矣。

"天地为稊米，毫末为丘山"，即是"天下莫大于秋毫之末而太（泰）山为小"的道理。大小由比较而得，但以泰山比无穷的空间，则泰山小矣；以秋毫比"无内"的至小，则秋毫大矣。"莫寿于殇子而彭祖为夭"，是就无穷的时间作比例，理与此同。又云：

> 以功观之，因其所有而有之则万物莫不有，因其所无而无之则万物莫不无。知东西之相反而不可以相无，则功分定矣。
>
> 以趣观之，因其所然而然之则万物莫不然，因其所非

而非之则万物莫不非。知尧、桀之自然而相非，则趣操睹矣。

后面两段，是就大、小之别由于“差数”，推论到有、无之别由于“功分”，是、非之别由于“趣操”。故庄子虽不承认辩论可以定是非，而其怀疑的、破坏的名学却可以独树一帜。

法家首贵“综核名实”，故《天下》篇论慎到，曰“齐万物以为首”，曰“知万物皆有所可，有所不可”，其说颇近庄子的《齐物论》，而慎到之书，《汉志》列于法家。《尸子》和《尹文子》，胡适皆列于学理的法家。《尸子》云：“天下之可治，分（去声）成也；是非之可辨，名成也。一明王之治民也，……言寡而令行，名正也。君人者苟能正名，愚智尽情；执一以静，令名自正，赏罚随名，民莫不敬。”“正名去伪，事成若化；以实复名，百事皆成；……正名复实，不罚而威。”“是非随名实，赏罚随是非。”这些话，和《韩非子》所说的“形名参同”、“执一以静，使名自命，令事自定”，都是法家综核名实的理论。《尹文子》所说，更与儒家的“正名”相近，如云：

有名以检形，形以定名，名以定事，事以检名。察其所以然，则形名之与事物无所隐其理矣。……名者，名形者也；形者，应名者也。……善名命善，恶名命恶，故善有善名、恶有恶名。……使善恶尽然有分，虽未能尽物之

> 实，犹不患其差也。……今亲贤而疏不肖，赏善而罚恶。贤不肖、善恶之名宜在彼，亲疏、赏罚之称宜属我。……名宜属彼，分宜属我。我爱白而憎黑，韵商而舍徵，好膻而恶焦，嗜甘而逆苦。白黑、商徵、膻焦、甘苦，彼之名也；爱憎、韵舍、嗜逆，我之分也。定此名分，则万事不乱也。

《尹文子》也有“禁暴息兵，救世之斗”的话，故《天下》篇以与宋钘同列，是其宗旨本近于墨家；但又主“百度皆准于法”，所以胡氏列入法家。观其论“名”如此详尽，又与儒家之“正名”相近。前章曾说过，法家是受儒、道、墨三家的影响的，则其议论之近墨、近儒实无足怪。《汉志》却把他列入名家，可见他是特长于名学的法家。至于墨家，则和所谓名家关系更为密切。《墨子》中有六篇很特别的文章——《经上》、《经下》、《经说上》、《经说下》、《大取》、《小取》。晋人鲁胜曾为《经》上下、《经说》上下四篇作注，名曰《墨辩注》。胡适把这六篇统叫做“墨辩”，因为它们都是讲辩论的。《庄子·天下》篇所举惠施和公孙龙等的议论，几乎全都在这六篇中讨论过，今传《公孙龙子》的《坚白》、《通变》、《名实》三篇，不但材料皆在《经》及《经说》四篇中，有许多字句也是相同的。所以孙诒让说这几篇的“坚白同异之辩，则与公孙龙书及《庄子·天下》篇所述惠施之言相出入”，“据《庄子》所言，则似战国时墨家别传之学，不尽墨子之本指”。《天下》篇论墨翟、禽滑厘一段中，有下列几句话，第九章中引《天下》篇语曾删去此节，兹录之于此：

相里勤之弟子五侯之徒，南方之墨者苦获、已齿、邓陵子之属，俱诵墨经而倍谲不同，相谓“别墨”，以坚白同异之辞相訾，以奇偶不仵之辞相应，以巨子为圣人，皆愿为之尸，冀得为其后世，至今不决。

有人以为“墨经”指《经》上下、《经说》上下、《大取》、《小取》六篇。胡适以为“墨经”不是这六篇，是墨教的经典，如《兼爱》、《非攻》……之类。墨家的后学虽也奉墨教、诵墨经，而大有“倍谲不同”之处，于“宗教的墨学”之外另分出一派“科学的墨学”，故谓之“别墨”（参看《古代哲学史大纲》）。“倍”同“背”。“谲”，崔譔注云：“决也。”倍，言其不同；谲，言其不合。“坚白”与“同异”均为当时辩论的问题。“坚”属于质，须由触觉知之；“白”属于色，须由视觉知之。二者虽同为物之属性而由两种感官以得之，非有所谓“征知”之心以联合此两种感觉，殆无由合并为一。至于同异问题，则本章上文所引，例已很多了。“奇”谓单数，“偶”谓双数。“仵”通“伍”，合也。例如《小取》篇所云：“一马，马也；二马，马也。马四足者，一马而四足也，非两马而四足也。马或白者，二马而或白也，非一马而或白也。因为汉字的单数、多数在名词的字形上并无变化，故一马亦曰马，二马亦曰马，实际上则奇偶并不相同。坚白同异、奇偶不仵之辞，正是名家之言。故孙、胡二氏认这类邃于名学者为墨家的别传。

由上文所述观之，则所谓“名学”实为儒、道、墨、法诸家所同有的辩证法，故所谓“名家”者，或系儒家，或系墨家，或系法家，不能把他们从各派中拉拢来，另立所谓“名家”了。但司马谈论六家要旨，已有“名家使人俭（敛也，一说当做‘检’）而善失真，然其正名实，不可不察也”的批评，则在西汉初已以名与儒、墨、法、道、阴阳五家并立了。下文他又加以申说道：“名家苛察缴绕，使人不得反其意，专决于名而失人情，故曰‘使人俭而善失真’。若夫控名责实，参伍不失，不可不察也。”《汉志》认为“名家者流，盖出于礼官”，且谓“古者名位不同，礼亦异数”，故引孔子主正名之言而认为“此其所长”，末又论其短云：“及警者为之，则苟钩鈲析乱而已。”那时候诚然有一班诡辩派，正如《汉志》所说，是“苟为钩鈲析乱”的“警者”，但名学确是先秦诸子中一朵绚烂的奇花。至于惠施、公孙龙等名家及和“墨辩”中的名学，当于下章述之。

第十二章

所谓“名家”（二）

——惠施公孙龙及“墨辩”

第十二章
所谓“名家”（二）——惠施公孙龙及“墨辩”

战国时的学者，可以代表所谓“名家”者，终当推惠施、公孙龙二人。惠施曾相梁惠子，梁惠王死时惠施还在，而惠王死于周慎靓王二年（前 319）；他又与庄子很相好，而死在庄子之后（据《庄子》，见前第八章）；据《吕氏春秋》，齐、梁二国会于徐州相推为王是惠施的政策，而此会在周显王三十五年（前 334），所以胡适推断他的年代大约在前 380 年至前 300 年之间。《庄子·天下》篇说“惠施多方，其书五车”，《汉志》名家有《惠子》一篇。今其书已亡，只能在《天下》篇中找到他的学说。

《吕氏春秋·审应览》言公孙龙曾劝燕昭王偃兵，又与赵惠王论偃兵，其说昭王时在破齐之前，而昭王破齐在周赧王三十一年（前 284），昭王死在赧王三十六年（前 279）；公孙龙曾在平原君赵胜门下，各书所记相同，而《战国策》说信陵君破秦存赵时公孙龙曾劝平原君弗受封，此事在赧王五十八年（前 257），所以胡适推断他的年代大约在前 320 年前后至 250 年左右。《汉志》名家有《公孙龙子》十四篇，自注云：“赵人。”今存本仅六篇，第一篇是辑记公孙龙的事迹的，第二篇最易读，

第三、四篇多脱误，第五、六篇与“墨辩”参看尚可一读。伪《列子·仲尼》篇记公孙龙辩说的七事，有四条和《庄子·天下》篇相同，《天下》篇所记凡二十一事。

据上所说，则所谓名家的代表人物惠施和公孙龙的学说，可以根据《庄子·天下》篇得其大概。《天下》篇云：“惠施多方，其书五车，其道舛驳，其言也不中。”以下即述其“历物之意”，据《经典释文》，“历”是“分别历说之”的意思。其所举凡十事，胡适认为末一条是全篇的断案，前八条可依章炳麟《明见篇》分为三组。

第一组论空间，凡六事：

（1）“至大无外，谓之大一；至小无内，谓之小一”

古人以“宇”字代表空间，《尸子》及《淮南子》注都说“上下四方曰宇”，《经上》曰：“宇，弥异所也。”《经说上》曰：“宇，冡东西南北（本作‘宇东西，冡南北’，今依胡适校改。冡即蒙）。”“所”指一部分的空间，“宇”指全部的空间。东，西、南、北都是“所”，“宇”则包东、西、南、北，故弥满“所”的叫做“宇”。“宇”——空间——是无穷大的。“至大”，指无穷的“宇”，无所不包，故曰“无外”。分割此至大之“宇”，乃有种种人为的区别，如立方丈……立方寸，以迄于一毫、一忽，皆可名之曰“所”，但必分至无可再分的不占容积之“所”乃可谓之“至小”。既不占任何容积，故曰“无内”。这一条是就容积（立方的）以论空间。

（2）“无厚，不可积也，其大千里”

这一条是就面积以论空间。几何学上的面是无厚的，因无厚，故不可积，而此无厚之面则可在“宇”中扩展至于无穷，故曰“其大千里”。

（3）“天与地卑，山与泽平”

这一条是就高低以论空间。在无穷的空间之中，一切大小、长短、高低等人为的、比较的差别都非实有，这和算学中无论什么大小的数和无穷作比都等于零的道理一样，故曰“天与地卑，山与泽平”。一般人以山与天为高、以地与泽为低，在惠施看来，都是无谓的区别。高低之别如此，大小之别也如此，故庄子说“莫大于秋毫之末而太山为小”。

（4）“南方无穷而有穷”

（5）“今日适越而昔来”

（6）“我知天下之中央，燕之北、越之南是也”

这三条（《天下》篇列在第六、第七、第九）是根据地圆说以论空间。因为地是圆的，故所谓“南方”者，“无穷”而又似“有穷”。“无穷”是地圆的真情，“有穷”是人为的假定，《周髀算经》云：“东方日中，西方夜半；西方日中，东方夜半。”这话，在现代已知经度不同的地方时间不同、东西半球子午线正相对的地方恰好昼夜相反的道理的人们看来，毫不奇怪。所以“今日适越”，在越之极西的地方便可说是昨天到越了。燕在中国北部，越在中国南部，“燕之北、越之南”是极北、极南的地方，而日“天下之中央”者，因为地是圆的，球面上无论哪一点都可以说是球面的中央。——古代的书本有说地是圆的，如《大戴礼记·地圆》篇云：“如诚天圆而地方，则是四角之不掩也。”

第二组论时间，仅一事：

“日方中方睨，物方生方死”

古人以“宙”字代表时间，《尸子》与《淮南子》注都说“古往今来曰宙”。“宙”亦作“久”，《经上》云：“久，弥异时也。”《经说上》曰：“久，合古今旦莫（‘旦’旧作‘且’，从王引之校改，此句原作‘今久古今旦莫’，从胡适校，改上‘今’字为，合’，与“久”字互易）。”时间合古今旦暮而言，也是无穷的。与无穷的时间比，则一天的日中日斜、一物的由生至死，不过几小时或几年、几十年的极短促的时间，虽似有久暂短长，都渺小得等于零了，这和《庄子》所谓“莫寿于殇子而彭祖为夭”同一道理。而且一般人对于时间，有所谓过去、现在、未来的区别。细思之，则过去和未来都是无穷的，只有现在简直不曾占什么时间。如说“现在”二字，“现”字刚脱口，便成过去；“在”字未出口，尚是未来。故刚说“日中”，已是“日斜”。物自初生以至老死，无一刹那不在变化中，刚生出来，已向死一步一步地走近去了，故曰“物方生方死”。

第三组论同异，仅一事：

“大同而与小同异，此之谓小同异；万物毕同毕异，此之

谓大同异”（《天下》篇列于第五）

物各有“自相”，故异；都有“共相”，故同。例如以“自相”论，则吾人彼此各异，虽同胞孪生之兄弟姊妹亦有不同；但以“共相”论，则男女虽有性别而同是人，人与牛马同是哺乳动物，推而上之，则虽人与草木亦同为生物。故就“自相”分别，别为个体，可云彼此“毕异”；以“共相”综合，推而至于荀子所谓“大共名”之“物”，则一切都是“物”，彼此“毕同”，故一般人所说的同异只是“小同异”而已，

上列三组八条之外，有一条“连环可解也”（《天下篇》列于第八），我以为是比喻。《战国策》记秦王送玉连环于齐之君王后，请她解开。她用铁锤把玉连环敲碎，叫来使回报秦王，说连环已解了。一般人认玉连环是解不开的，她却这样解法。因此，我认为这一条是比喻，以连环的不可解而可以解来比无穷的“宇”、无穷的“宙”本不可分割，万物本无所谓同异，而一般人偏要任意加以分割，定出无谓的区别来。

由上三组所列八事言之，则一切空间、时间的分割区别都非实有的，一切事物的同异都非绝对的，故得“天地一体”的断案。因为“天地一体”，故当“泛爱万物”。所谓“天地一体”者，即《庄子·齐物论》所谓“天地与我并生而万物与我为一”；所谓“泛爱万物”者，即是墨子的兼爱。《天下》篇说：“惠施以此为大，观于天下而晓辩者，天下之辩者相与乐之。”则他的学说也曾风靡一时了。

《天下》篇又列举二十一事，而曰：“辩者以此与惠施相应，终身无穷。桓团、公孙龙辩者之徒，饰人之心，易人之意，能胜人之口，不能服人之心，辩者之囿也。”似此二十一事为“与惠施相应”的“辩者”之辞，而桓团、公孙龙则为“辩者之徒”，其年辈当后于惠施。桓团，伪《列子·仲尼》篇作“韩檀”，当为一音之转。所以《天下》篇所举二十一事，只能说是公孙龙及其他辩者的学说。二十一事列举如左：

（1）“卵有毛”

卵生之禽有毛羽，卵未成雏而毛羽之质已具，故曰“卵有毛”。

（2）“鸡三足”

鸡仅两足，而两足之行，另有其所以能行的“心神”，是亦一足，故曰“鸡三足”。此与伪《孔丛子》“臧三耳”之说同。《经上》云：“闻，耳之聪也。循所闻而意得见，心之察也。”亦是此理。荀子所说五官感觉，必待能“征知”的心然后成知识，亦与此同。

（3）“郢有天下”

郢与天下比，郢小而天下大；二者与无穷的空间比，则无复大小的区别，此与《庄子》“莫大于秋毫之末而太山为小”同理。

（4）“犬可以为羊”

犬与羊皆人所制之“名”，约定俗成，故以为犬自犬、羊自羊耳。如未有此二名时，则“犬可以为羊，羊亦可以为犬”。《庄子》有“呼我为牛，我应之曰牛；呼我为马，我亦应之曰马”之言，意亦犹此。

（5）“马有卵”

马是胎生的，而曰“马有卵”者，因卵生、胎生之别，不过一孵化于母体之外、一孵化于母体之内而已。胎之外有胞，犹卵之有衣，故胎未生时亦可谓之“卵”。

（6）“丁子有尾”

成玄英疏说楚人叫虾蟆做“丁子”。虾蟆的幼虫蝌蚪是有尾的，虾蟆成长后虽无尾，幼时曾经有过尾的，故曰“丁子有尾”。

（7）“火不热”

热非火的本性，是人的感觉。感觉必由感官达于能“征知”的心，然后有所知觉，如以针刺肤，所以觉痛者，在人不在针，有时心有专注，无意中为针所刺不觉其痛，是感觉未达于心神之故，曰“火不热”即是此理。

（8）“山出口”

在山中高呼往往有回声，山能发声，故虽无口亦谓之能“出口”。

（9）“轮不辗地”

地平而轮圆，静止时轮必有着地之一点，转动至速时则似全轮并不辗着地了。

（10）“目不见”

目固司见，而所以能见者尚在能“征知”之心，心不属则“视而不见”了。《孟子》说“明足以察秋毫之末而不见舆薪”，也是此理。

（11）“指不至，至不绝”

伪《列子·仲尼》篇也有“指不至”一条，此条颇不易解。《公孙龙子·指物论》云：“物莫非指而指非指。天下无指，物无可以谓物。非指者，天下无物，可谓指乎？”胡适以为“指”即物之种种“表德”（亦称“属性”），无论何物，全靠它的种种表德，方可以构成吾人对于此物的概念。如白马是物，吾人“白马”一概念即由它的“物指”——白色和马形构成，除了这些“物指”，则无可以称“白马”者，故又曰“天下无指，物无可以谓物”。但是转念一想，则“指”固属于物者，如无物，还有什么可称为“指”呢？故又曰“天下无物，可谓指乎”。但“指”不过物之表德而已，究不是物的本体，即使更进一层，也没有知道它的本体的时候，故曰“指不至，至不绝”。例如一般人说“水”，只是代表由水的表德所构成的概念，即进一步，由化学的分析知水是氢、氧二元素合成的，还只知道氢、氧恰可合成水时的重量等等表德，仍不是氢、氧的本体。

（12）“龟长于蛇”

此亦谓蛇长龟短是比较的，与无穷的空间比，也可以说龟长于蛇，仍与“莫大于秋毫之末而太山为小”之旨同。

（13）“矩不方，规不可以为圆”

此即惠施“万物毕异”之说。矩所以为方、规所以为圆，而以同一矩或规所为之方或圆，各有其“自相”而不尽同。许多方或圆既不尽同，则必有非真方、非真圆的了。

（14）“凿不围枘”

“凿”是所凿之孔，“枘”是纳入此凿孔的榫头。粗看似凿必围枘，其实则凿与枘未必如此密合。

（15）“飞鸟之影未尝动也”

伪《列子·仲尼》篇也有“影不移”一条。鸟在飞，而鸟之影则未尝移动，我们所以见影随飞鸟移动者，因后影、前影相续，后影生而前影灭，相续甚快，故似为一影。其实，后影已非前影，前影只在原处未动，只是消灭不见耳。如以快镜摄取撑竿跳高之影，可以一步步地照下好几个不同的影来，便知前影、后影不同而都未尝动了，

（16）“镞矢之疾而有不行不止之时”

司马彪注云：“形分止，势分行。形分明者行迟，势分明者行速。”所以，“不止”者是箭的“势”，“不行”者是箭的“形”。例如看电影，只见人马飞动，是因只注意“势”不注意“形”的缘故。电影演完，则影片节节分断，成为不活动的片段，此时是只见“形”而不见“势”了。

（17）“狗非犬”

伪《列子》有“白马非马”一条，与此同意。《尔雅》说：

“犬未成豪曰狗。”则犬为共名，狗为别名，两者所包内含不同（马为共名，白马为别名，与此正同），故曰“狗非犬”。《小取》篇云：“盗，人也，多盗非多人也，无盗非无人也。……爱盗非爱人也，杀盗非杀人也。”亦即此理。

（18）“黄马骊牛三”

“黄”是一种感觉，“骊”也是一种感觉，马、牛同有一种高大的兽形的感觉。如没有能“征知”的心，能把感官所“当簿”的联合起来，便不能成“黄马”和“骊牛”二种概念，此与“坚白石三”的话同一道理（坚是触觉所得，白是视觉所得，非“征知”之心，不能由此二种感觉合成“坚白石”一个概念）。

（19）“白狗黑”

此与上文“犬可以为羊”条同理。白与黑为人定之名，名未约定俗成，谓白为黑亦未尝不可。

（20）“孤驹未尝有母”

伪《列子》作“孤犊未尝有母”，意同。因其无母，故曰“孤驹”，有母则不得称“孤”了。

（21）“一尺之棰，日取其半，万世不竭”

伪《列子》“物不尽”一条，似即指此。一条尺长的棒，日取其一半而留其一半，次日更取其半之半仍有其半之半存在，如此推去，虽至万世而短至不可思议，如仍可分，则取其半而其余之一半仍在，故曰“不竭”。

以上二十一事，或论空间，或论时间，或论同异，或更推而论名、论知识，颇有合于近世科学之理者，似不当以“诡辩”一概抹杀之。

“墨辩”中《经》和《经说》四篇也是一条条的，《经上》、《经下》都当分作上下两行，用“旁行”的读法。例如《经上》的“故，所得而后成也。止，以久也。体，分于兼也。必，不已也。”须分写如下，上下行各用“旁行”的读法则为：

（1）故，所得而后成。　　（50）止，以久也。

（2）体，分于兼也。　　（51）必，不已也。

因为现行本把它并成直行，故第 50 条“止，以久也”变成第二句，第 2 条“体，分于兼也”变成第三句，第 51 条“必，不已也”变成第四句了。《经下》也是如此。《经说》二篇，却不是分行旁行的。《经说上》自首条“故，小故，有之不必然，无之必不然。体也，若有端。大故，有之必无然，若见之成见也”，至篇中“户枢免瑟”一条，是解释《经上》上行各条的；自以下“止，无久之不不止，……”一条至篇末，是解释《经上》下行各条的。《经说下》自篇首至篇中“应有深浅，大常中在”一条，是解释《经下》上行各条的；以下至篇末是解释《经下》下行各条的。《经上》似界说，《经下》似定义。其中除论知识、论辩者外，尚有论算学、形学、光学、力学、心理学以及政治、经济、人生哲学的。这四篇本极难读，经过孙诒让的训诂、梁启超的校释，已较易明了。今以文繁，不再枚举。

“墨辩”除此四篇外，尚有《大取》、《小取》二篇。《大取》原文多脱误，虽有孙诒让的《间诂》，尚难读；《小取》篇原文完全，胡适已有《新诂》，较易读。这是一篇有组织的关于名学的文章，胡氏把它分作九节，解得很明白。读者可以检取他的《小取篇新诂》和《中国古代哲学史大纲》，细读全文。这里只把它最要紧的前两节撮述大概。

《小取》篇首段是“辩”的总论：

> 夫辩者，将以明是非之分，审治乱之纪，明同异之处，察名实之理，处利害，决嫌疑。焉（乃也）摹略万物之然，论求群言之比，以名举实，以辞抒意，以说出故，以类取，以类予。有诸己不非诸人，无诸己不求诸人。

“明是非”、“审治乱”、“明同异”、“察名实”、“处利害”、“决嫌疑”六者是“辩”的用处。“摹略”是探讨搜求的意思，“万物之然”即万物的现象。“摹略万物之然，论求群言之比”，总论“辩”的要旨。“实”指种种事物，“名”则为事物的称谓，故曰“以名举实”。“辞”即言辞，是可以表示一个意思的一句话，故曰“以辞抒意”。“故”即是立辞的理由，提出这句“辞”的“故”来的叫做“说”，故曰“以说出故”。“取”是举例，“予”是下断定。辩论的时候，举例、下断定，最要紧的是“类”。举例不以类，下断定不根据同类的例证，必致错误，故曰“以类取，以类予”。末二句，则是辩论者应守的规则了。

第二段论“辩”的七种方法：

> 或也者，不尽也。假者，今不然也。效者，为之法也；所效者，所以为之法也。故中效则是也，不中效则非也，此效也。辟也者，举也物而以明之也。侔也者，比辞而俱行也。援也者，曰子然，我奚独不可以然也？推也者，以其所不取之，同于其所取者，予之也。是犹谓也者同也，吾岂谓也者异也。

（1）“或”，《易·文言》云：“或之者，疑之也。”曰“或如此”，必有不如此者，故曰“不尽”。《经上》云：“尽，莫不然也。”“不尽”，则有然有不然了。

（2）“假”，即假设。假设之辞，皆非实有，故曰“今不然”。用以上“或”、“假”二法所立之辞，都不是断定的语气。

（3）“效”，“法”即“法，所若而然也”之“法”，“故”即“以说出故”之“故”。如云“圆，一中同长也”，“一中同长”即是这句“辞”所根据之“故”。凡是以“一中同长”为“法”，仿效它画的皆是圆形，这就是所谓“故中效”。所以我们可以说：“这是圆形。何以故？以一中同长故。”又如说：“凡人皆有死，孔子是人，故孔子亦有死。”凡人皆有死”即是

"法"，亦即断语"孔子亦有死"之"故"，这是演绎法的论证。

（4）"辟"，同"譬"。"也物"，即"他物"。举他物以明此物，即是"譬"。

（5）"侔"，"辟"是举他物以明此物，"侔"是用那一句"辞"以比这一句"辞"。例如公孙龙答孔穿，引楚王失弓不求而曰"楚人失弓，楚人得之"，孔子以为只须说"人亡之，人得之"，不必曰"楚人"以见其小的故事。借"楚人"与"人"的不同以明他的"白马非马"，便是用"侔"的方法。

（6）"援"，即是"援例"。例如胡适援《广韵》引《论语》"子西彼哉"作"佊哉"为例，证"墨辩"中"辩争彼也"的"彼"字也当做"佊"。

（7）"推"，此句两"也者"的"也"字都是"他"字。"所不取者"是未及举的例，"所取"是已举的例，"予"者断定。举了许多个体的事物为例，认为凡和所举之例同类的事物亦皆如此，便下一综括的断语，这便是"推"。如钱大昕举了许多古书上轻唇音读重唇音的例，而下"凡轻唇之音，古读皆为重唇音"的断定，便是用"推"的方法，这是归纳法的论证。

以下又论及"辟、侔、援、推"四法的谬误，和立辞的种种困难。这篇文章，在我国古代名学上是有价值的。读者如要知道所谓名家的辩证方法，须检出原文细加阅读。

综上所述，我们可以断定，所谓"名家"，和儒、道、墨、法几大学派都有关系，因为名学是各派所同具的辩证法，因此，不能指出那几个人是“名家”。各派中名学最发达的，还得推法、墨家分出的“别墨”。如其要勉强地指出所谓“名家”的代表人物来，只得说是惠施和公孙龙。可惜他们的书已亡失残缺了，只可就《庄子·天下》篇及《墨子》中的六篇“墨辩”中去找寻古代名学的材料。

第十三章

阴阳纵横杂农小说五家

司马谈所论六家，与儒、道、墨、法，名五家并列者，尚有一阴阳家。他说："尝窃观阴阳之术，大祥（'大'同'太'，'祥'同'详'）而众忌讳，使人拘而多所畏，然其序四时之大顺，不可失也。"又加以申说道："夫阴阳、四时、八位、十二度、二十四节各有教令，顺之者昌，逆之者不死则亡，未必然也，故曰'使人拘而多所畏'。夫春生、夏长、秋收、冬藏，此天道之大经也，弗顺则无以为天下纲纪，故曰：四时之大顺，不可失也'。"《集解》引张晏说："八位，八卦位也。十二度，十二次也。二十四节，就中气也。"按十二次指"星次"，见《尔雅》，与十二宫相当，常以配十二地支，表列如下：

（1）降娄—白羊宫（戌）（2）大梁—金牛宫（酉）

（3）实沈—双子宫（申）（4）鹑首—巨蟹宫（未）

（5）鹑次—狮子宫（午）（6）鹑尾—室女宫（巳）

（7）寿星—天秤宫（辰）（8）大火—天蝎宫（卯）

（9）析木—人马宫（寅）（10）星纪—摩羯宫（丑）

（11）玄枵—宝瓶宫（子）（12）娵訾—双鱼宫（亥）

"星次"者，星所居之躔舍，为天文的名词。二十四节为一年十二月中之节候，如以阳历计之，则其日期前后相差至多一日。其推算法，以周天为三百六十度，以春分为始，周而复始。兹仍表列如下：

季	节名	日　期（阳历）	周天度数	阴历月份
春季	立春 雨水	二月四日—五月 二月十九日—二十日	三百十五度 三百三十度	正　月
	惊蛰 春分	三月五日—六日 三月廿一日—廿二日	三百四十五度 三百六十度（即零度）	二　月
	清明 谷雨	四月五日—六日 四月二十日—廿一日	十五度 三十度	三　月
夏季	立夏 小满	五月六日—七日 五月廿一日—廿二日	四十五度 六十度	四　月
	芒种 夏至	六月六日—七日 六月廿一日—廿二日	七十五度 九十度	五　月
	大暑 小暑	七月七日—八日 七月廿三日—廿四日	一百零五度 一百二十度	六　月
秋季	立秋 处暑	八月八日—九日 八月廿三日—廿四日	一百三十五度 一百五十度	七　月
	白露 秋分	九月八日—九日 九月廿三日—廿四日	一百六十五度 一百八十度	八　月
	寒露 霜降	十月八日—九日 十月廿三日—廿四日	一百九十五度 二百十度	九　月

冬季	立冬 小雪	十一月七日—八日 十一月廿二日—廿四日	二百二十五度 二百四十度	十　月
	大雪 冬至	十二月七日—八日 十二月廿二日—廿三日	二百五十五度 二百七十度	十一月
	小寒 大寒	一月六日—七日 一月二十日—廿一日	二百八十五度 二百九十度	十二月

《吕氏春秋》和《小戴礼记》中各有《月令》，每月皆记其节气、政令。司马谈所谓“各有教令”，大概也是如此。《汉志》说“阴阳家者流，盖出于羲和之官”，以“敬顺昊天，历象日月星辰，敬顺民时”为其所长，以“牵于禁忌，泥于小数，舍人事而任鬼神”为其所短，和司马谈的意思也差不多。所谓“羲和之官”者，《尚书·尧典》谓尧“乃命羲和钦若昊天，历象日月星辰，敬授人时”。羲仲宅嵎夷旸谷，羲叔宅南交，和仲宅西夷昧谷，和叔宅朔方幽都。他们四人分宅东、南、西、北四方，测算历日，故曰“期三百有六旬有六日，以闰月定四时成岁”。《尧典》所记如果可信，则我国在唐尧时已早发明历法了。阴阳家之学以星象历数为主，故说它出于“羲和之官”，这正是司马迁《报任安书》所谓“文史星历，近乎卜祝之间”者。而阴阳之说见于《周易》，五行之说见于《洪范》，亦为阴阳家所重视。从五行说推阐而出者，有所谓“终始五德”之说。五德者，五行之德。其说谓五行生克，为帝王嬗代之应。如谓少

昊以金德王，颛顼以水德王，帝喾以木德王，尧以火德王，舜以土德王（见《尚书序》），即以五行相生之理排列。《汉志》阴阳家类著录有《邹子终始》五十六篇、《公祷生终始》十四篇，《郊祀志》并言“驺子之徒论著终始五德之运”，可见阴阳家确有这种理论。

《汉志》所录阴阳家言，今均亡佚。且其学皆东周以前“世传之史”的“旧法”，除历法之外，如天文、阴阳、五行、占卜等，类多涉于迷信，其价值较之前述五家，诚不可同日而语。惟邹衍的“大九州”说，倒是恢廓的理想。邹衍，《史记》附见于《孟子荀卿列传》中，司马迁记其“大九州”之说云：

> 先列中国名山大川，通谷禽兽，水土所殖，物类所珍。因而推之，及海外人之所不能睹。……以为儒者所谓“中国”者，于天下乃八十一分居其一分耳。中国名曰“赤县神州”，赤县神州内自有九州，禹之序九州是也，不得为州数。中国外，如赤县神州者九，乃所谓“九州”也。于是有稗海环之，人民禽兽莫有相通者，如一区中者，乃为一州。如此者九，乃有大瀛海环其外，天地之际焉。

这种理想，正和五大洲、五大洋的实际情形相合，所以就阴阳家论，可取的就是邹衍的“大九州”说。衍，齐人，为燕昭王师，居稷下，号“谈天衍”。时人所以有“谈天”之号，大概也因为他有“大九州”之说吧！

《汉志》所谓“十家”，较司马谈多纵横、杂、农、小说四家，其价值亦远在前述五家之下。第三章里已经说过，“纵”是合纵，“横”是连横，二者是苏秦、张仪等政客一时的外交政策，并无学理可言。但如以纵横家论，终须首推苏、张二人。这二人，《史记》中都有传。苏秦，字季子，洛阳人。初入秦，以连横说惠王，不用。后乃历说赵、韩、魏、齐、楚、燕六国之君，使合纵以拒秦，遂佩六国相印，为纵约长，秦兵不敢东出函谷关者十五年。后在齐为人刺死。张仪，魏人，少与苏秦同学。苏秦相赵，仪往谒，未纳，乃去之秦，为惠王相。出说六国，使背苏秦之纵约，连横以事秦，秦号曰“武信君”。惠王卒，曾去秦相魏，一年而卒。《汉志》纵横家有《苏子》三十一篇、《张子》十篇，今皆不存。《隋书·经籍志》纵横家有《鬼谷子》三卷，今本凡十二篇，合为一卷。《史记·苏秦列传》有云：“东事师于齐，而习之于鬼谷先生。”《寰宇记》亦谓“苏秦、张仪师事鬼谷先生”。鬼谷为山谷名，其地所在亦多异说（《元和志》谓在告城县北，即今河南登封县境；《寰宇记》谓即清水谷，在今陕西三原县西；《宁波府志》谓居清溪，在今湖北远安县东南）。鬼谷子的姓名，《录异记》但云“王氏”，《神仙传》、《拾遗记》谓姓王名利，《宁波府志》谓姓王名诩。明胡应麟《少室山房笔丛》云：“《汉志》有苏子三十一篇、《张子》十篇，东汉人荟萃二书之言为此而托于鬼谷，若子虚、亡是之属。”如胡氏之说，则鬼谷先生根本没有这个人，或者苏秦等欲自神其学，故托之于虚无缥缈的鬼谷，亦未可知。其人之有无既不可知，则此书之不足信，更不待说。我以为《战国策》一书，多载当时政客纵横捭阖的话，倒可借以考见纵横家言之一斑。《汉志》评纵横家，以“权事制宜，受命而不受辞”为其所长，“上诈谖而弃其信”为其所短。其实，那时的纵横家未有不“上诈谖”者，如张仪之诈楚怀王便是一个很显著的实例。

纵横家言无学理可言，不足以论学术，但在文学变迁上却占一重要的地位。《汉志》评纵横家，引孔子之言曰：“诵《诗》三百，使于四方，不能专对，虽多亦奚以为？”（见《论语·子路》）孔子又说：“不学《诗》，无以言。”（见《季氏》）《诗》何以和“言”、和“专对”有关呢？一则因为《诗》的作法有比、有兴（比者，借物以见志；兴者，托物以兴感），《诗》的修辞贵乎铺张，可为外交家修饰辞令的借鉴；二则因春秋之世，列国君臣会盟，相见于坛坫之上，往往赋《诗》见志（《左传》中实例甚多），故《汉志》有“登高能赋，可以为大夫”之说（诗赋略序），外交人员如不学《诗》便应付不了。所以春秋末世以后，外交人员学《诗》的功夫都很深。试看《战国策》所载纵横家的游说之辞，其托物设譬以讽喻见长，铺张扬厉以华瞻见长，皆是由学《诗》得来的。《史记·屈原列传》称其“娴于辞令”，“出则为王接迎宾客，应对诸侯”，可见他原是楚国的外交人才。及为怀王所疑，卒被放逐，乃发愤而作《离骚》诸篇，为辞赋家之祖。秦汉统一以后，辩士无所施其技，乃一变而为赋家，因此赋乃特盛于西汉。西汉赋家，如陆贾、邹阳等，皆以纵横说士兼擅辞赋。所以我国古代文学，由《诗》三百篇一变而为楚辞，再变而为汉赋，实以战国时的纵横家为其枢纽。纵横家在学术史上虽无甚价值，在文学史上却占一重要位置！

有系统，有宗旨，成专门的学术，方可以叫做“家”。所谓“杂家”之书，乃杂采诸家之言而成，有似后世的类书，名之曰“杂”固副其实，称之曰“家”终嫌不妥。我国论学论文，分类不精，往往于无类可归者，特列一目，名之曰“杂”。如论诸子则有所谓“杂家”，论文体则有所谓“杂文”、“杂记”，都不能谓为确当。《汉志》乃因杂家之说“兼儒、墨，合名、法”，妄谓出于“议官”，且云“知国体之有此，见王治之无不贯，此其所长”，可谓失言。《汉志》杂家所录，秦以前的书如《孔甲盘盂》、《大禹》之类，班氏亦明言其不可靠；如《伍子胥》、《子晚子》、《由余》等，亦皆亡失，今存者惟《吕氏春秋》而已。此书今本亦二十六篇（十二纪、八览、六论），杂录儒、道、墨诸家之言，并无宗旨。旧题秦相吕不韦作，实则为吕不韦门客所撰，集而成书。书出众手，所以宗旨更不纯了。据《史记·吕不韦列传》，吕不韦本阳翟大贾，时秦公子子楚质于赵，很贫困，不韦以为奇货可居，乃给以经济的援助，且把自己已孕的姬人送他。子楚归秦后，立为庄襄王，乃以不韦为相，封文信侯。姬人生子曰政，实际为不韦所生，嗣其父为秦王，就是后来统一六国的秦始皇，乃尊不韦为“仲父”。那姬人已为太后，仍与不韦通，不韦终以此得罪而自杀。这种人如何配得上称学者呢？但是杂家之书，如《吕氏春秋》之类，所以至今还有存在的价值者，因为它们所采录的诸家之说，有原书已亡者，可以借此考见一斑而已。

《汉志》著录农家之书，在秦以前者凡三，曰《神农》、曰《野老》、曰《宰氏》。班氏于《神农》下自注曰：“六国时，诸子疾时怠于农业，道耕农事，托之神农。”《孟子·滕文公》称“有为神农之言者许行”，此亦农家之托古改制。《野老》书下又自注云：“六国时，在齐、楚间。”则不能明指作者及其地方。《宰氏》下自注，径云“不知何世”。以下所录汉代各书，亦并亡失。农家之言究属如何，已无可考。班氏评语，谓“播百谷，劝耕桑，以足衣食”，则大致当如后世《齐民要术》（旧题后魏贾思勰撰）之类。《汉志》又云：“及鄙者为之，以为无所事圣王，欲使君臣并耕，悖上下之序。”倒正是许行的宗旨。《孟子》记陈相述许行之言曰：“滕君（滕文公）则诚贤君也，虽然，未闻道也。贤者与民并耕而食，饔飧而治。今也滕有仓廪府库，则是厉民而以自养也，恶得贤？”可见“君臣并耕”正是农家特殊的主张。许行是楚人，自楚来滕，“其徒数十人，皆衣褐，捆屦、织席以为食”，孟子和陈相辩论，以为“一人之身而百工之所为备”，百工之事“不可耕且为”，则治天下亦不可耕且为，所以要有“劳心”和“劳力”、“治人”和“治于人”的分别。这是以分工的理论驳许行的“泛劳动说”的。陈相又说：“从许子之道，则市贾（同‘价’）不贰，国中无伪，虽使五尺童子适市，莫之或欺。布帛长短同则贾相若，麻缕丝絮轻重同则贾相若，五谷多寡同则贾相若，屦大小同则贾相若。”据此，则许行主张以量为标准来划一各物之市价，而不问其质之好坏如何。故孟子以“物之不齐，物之情也”驳他，说“从许子之道”，必致“相率为伪”了。农家的代表人物当推许行，而许行之学说，可考见者亦仅此而已。观其主张“君民并耕”，殆不复有“治人”、“治于人”之阶级，主张以量为物价唯一之标准，殆亦欲归之太古之朴素的生活而反对物质文明，故钱玄同师以为实道家之一派。此外专究农事园艺的农家，则仅可以云农艺，是技术而非学理了。

此外，还有在“可观”的九家之外的小说家。《汉志》所录小说家言，在秦以前者，如《伊尹说》、《鬻子说》、《师旷》、《务成子》、《天乙》（自注“天乙谓汤”）、《黄帝说》六种，或云“依托”，或云“后世所加”，或云“非古语”。惟于《青史子》则云“古史官记事也”，于《周考》则云“考周事也”，故钱玄同师以“小说为历史之支流”。二书虽已亡失，推度起来，当如后世杂记、别史之类，亦不足以言学理。只有《宋子》十八篇下自注云：“孙卿道宋子，其言黄老意。”这才是值得注意的一部书，可惜也已亡了。按宋子即《庄子·逍遥游》中的宋荣子、《天下》篇中的宋钘、《孟子·告子》中的宋径。《逍遥游》说宋荣子，似次于列御寇一等，正和荀子“其言黄老意”相合。《天下》篇则以宋钘与尹文同举，有云：“不累于俗，不饰于物，不苟于人，不忮于众，愿天下之安宁以活民命，人我之养毕足而止，以此白心，古之道术有在于是者，宋钘、尹文闻其风而悦之。”又云：“见侮不辱，救民之斗；禁攻寝兵，救世之战。以此周行天下，上说下教，虽天下不取，强聒而不舍者也，故曰上下见厌而强见也。虽然，其为人太多，其自为太少，曰：‘请欲固置五升之饭足矣。’先生恐不得饱，弟子虽饥，不忘天下，日夜不休，曰：‘我必得活哉！’图傲乎当世之士哉！”又云：“以禁攻寝兵为外，以情欲寡浅为内。”情欲寡浅”是道家之旨，“禁攻寝兵”是墨家之旨，则宋子的学说盖在道、墨二家之间。《孟子·告子》篇中也有一段记载：

> 宋牼将之楚，孟子遇于石丘，曰：“先生将何之？”曰：“吾闻秦楚构兵，我将见楚王说而罢之，楚王不悦，我将见秦王说而罢之，二王我将有所遇焉。”曰：“轲也请无闻其详，愿闻其指，说之将何如？”曰：“我将言其不利也。”曰：“先生之志则大矣，先生之号则不可。先生以利说秦楚之王，秦楚之王悦于利而罢三军之师，是三军之

士乐罢而悦于利也。为人臣者怀利以事其君，为人子者怀利以事其父，为人弟者怀利以事其兄，是君臣、父子、兄弟终去仁义，怀利以相接，然而不亡者未之有也！先生以仁义说秦楚之王，秦楚之王悦于仁义而罢三军之师，是三军之士乐罢而悦于仁义也。为人臣者怀仁义以事其君，为人子者怀仁义以事其父，为人弟者怀仁义以事其兄，是君臣、父子、兄弟去利，怀仁义以相接也，然而不王者未之有也！”

照《孟子》这一章看，宋牼因闻秦楚构兵，便不远千里奔走游说，要劝二国罢兵，和墨子之止楚攻宋，同具实行“非攻”的救世精神。其以利说秦楚之王，也和墨子“义利一致”的学说相合。孟子反对以利说秦楚之王，谓当以仁义易之，也正是儒、墨学说不同之处。那么，这小说家的代表人物宋铏，论其学说的宗旨也当归之墨家了。《汉志》所以列其书于小说家者，大概因为他以“见侮不辱”、“非攻寝兵”之说“上说下教”时，必用很浅近的说法，如譬喻、寓言之类为主，使君民乐于听受吧！

我们知道，《汉志》所谓“小说”，和后世的小说大不相同。但他以为小说是“街谈巷语、道听涂说者之所造”，却很合于小说发生的事实。班氏谓小说家“出于稗官”（颜师古注云“小官也”），又引孔子语（其实是子夏语，见《论语·子张》），目之为“小道”，以为“闾里小知者之所及”，原是看轻小说家的意思。但如小说、诗歌等文艺，初起时皆为“街谈巷语”、里巷歌谣等民间文学，则在现代已为大家公认的史实了。

第十四章
秦汉诸子

第十四章
秦汉诸子

前十章所述诸子，略以《汉志》所列十家为目，其代表人物至战国末的韩非为止。和韩非同学于荀子的，尚有李斯，也是学儒者之业而转成法家的人物。《史记·李斯列传》记其生平事实甚详。他本是楚上蔡人，少时为郡吏，见吏舍厕中鼠吃污秽的东西，且数受人或狗的惊吓，而仓中鼠吃积粟，无人、狗之扰，乃叹道："人之贤不肖譬如鼠矣，在所自处耳！"于是从荀子学帝王之术。学成，西入秦，为秦相吕不韦舍人，后为秦客卿。会秦王逐诸侯客，斯上书谏之，秦王信之，官为廷尉。及秦并六国，称帝，以斯为丞相。始皇废封建，立郡县，明法度，定律令，同文书，在我国政治史上，不但成真正的统一之局，且种种法制都有划时代的创造，从汉至清都受其影响，其擘划赞襄的人就是李斯（章厥生师著《秦事通征》，考之颇详，惜未成书而卒），所以他是一个实际的政治家。始皇三十四年，因博士淳于越等反对废封建，以为"事不师古而能长久者，非所闻也"。始皇"下其议丞相"，斯乃上书请焚禁民间《诗》、《书》、百家语，"使天下无以古非今"。始皇从之，乃有焚书之祸（参阅《经与经学》）。始皇三十七年，巡游，崩于沙丘。时长子扶苏与蒙恬在上郡，惟少子胡亥从。宦者赵高乃说胡亥，劫斯，矫遗诏，杀扶苏而立胡亥。二世既立，信赵高，严法刻刑，以去始皇之故臣及诸公子。陈胜等兵起，二世责问斯。斯“重爵禄，不知所出，乃阿二世意”，上书劝以行“督责之术”，据申、韩、商君之言以为说（《史记》本传载有此书）。后卒因赵高之谗，诬斯与其子由谋反，下狱，与其中子腰斩咸阳市，夷三族。斯临刑，谓其子曰：“吾欲与若复牵黄犬，俱出上蔡东门逐狡兔，岂可得乎！”这一位事业煊赫的法家竟如此下场，司马迁说他“知六艺之指归”而失在“持爵禄之重，阿顺苟合”，不然，其功“且与周、召列矣”，诚为确论。李斯以事功显，无著作传于世，本传所载《论督责书》，只是阿顺苟合之辞，不足以见其学说。

《汉志》所录法家之书，有《晁错》三十一篇。《史记》本传称他“学申、商刑名于轵张恢先所”，“为人峭直刻深”。初以文学为太常掌故，文帝时为太子舍人，太子家号为“智囊”。及景帝即位，以错为内史，“法令多所更定”。迁为御史大夫，建议削诸侯王国地。故吴楚七国反，以诛错为名，卒被斩于东市。司马迁批评他，曾引“变古乱常，不死则亡”的话，大概是指他更定法令及削诸国封地而言。错书已亡，只有几篇书奏，如《论贵粟疏》、《言兵事书》、《论守边备塞书》等，也无从探讨他的学说了。

秦汉的法家以此二人为较著，至于《史记·酷吏列传》中所载郅都、宁成、周阳由、赵禹、张汤、义纵、王温舒、杨仆、杜周诸人，则徒知深文周内，虽或廉或贪，俱不足以称为法家。只有三国时蜀汉的丞相诸葛亮（字孔明，阳都人，寓荆州之南阳，自比管仲、乐毅。刘备三顾其庐，始出。佐备定蜀，为蜀汉丞相。备卒，受遗诏辅后主，南平孟获，北伐曹魏，鞠躬尽瘁，卒于五丈原师次，谥忠武。详见《三国志·蜀志》本传）是能实施法家的政治的，可是一般人往往误以他为儒家者流，但本传评曰："诸葛亮之为相国也，抚百姓，示仪轨，约官职，从权制，开诚心，布公道。尽忠益时者虽雠必赏，犯法怠慢者虽亲必罚，服罪输情者虽重必释，游辞巧饰者虽轻必戮，善无微而不赏，恶无纤而不贬。庶事精炼，物理其本；循名责实，虚伪不齿。终于邦域之内，咸畏而爱之，刑政虽峻而无怨者，以其用心平而劝戒明也。可谓识治之良材，管、萧之亚匹矣。"陈寿《上诸葛氏集表》亦称其"科教严明，赏罚必信，无恶不惩，无善不显"，这不正是法家的精神吗？今《诸葛氏集》已亡（清朱璘辑本凡四卷），陈寿所定目录犹见本传中，如《权制》、《训厉》、《综核》、《法检》诸篇，尚可推想其为法家之言。

汉初，曹参继萧何为相国，一遵萧何约束，无所变更，日夜饮醇酒，不事事。卒后，百姓歌之曰："萧何为法，顜（音较，明也）若画一。曹参代之，守而勿失。载其清静，民以宁一。"司马迁谓"参为汉相国，清静，极言合道。然百姓离秦之酷后，参与休息无为，故天下俱言其美矣"（见《史记·曹相国世家》)，可谓能以道家之旨为治的。文帝好刑名之言而窦后则好黄老（见《史记·儒林列传》)，《史记·外戚世家》云：“窦太后好黄帝、老子言，帝及太子、诸窦不得不读《黄帝》、《老子》，尊其术。”武帝初即位时，至因太皇窦太后故，下儒生赵绾、王臧吏，免申公。窦太后又尝召儒生辕固生问《老子》书，固曰：“此是家人言耳！”太后怒曰：“安得司空城旦书乎！”乃使固入圈刺豕（均见《儒林列传》)。黄老之学，在汉初虽有相国行之于前、太后倡之于后，而其时并无著名的道家人物。只有景帝时与辕固生在帝前争论汤、武是否受命的黄生（此事亦见《儒林列传》)，有人说他是道家。但仅此一事，亦未足为证。《汉志》著录道家之书，也仅有《曹羽》、《郎中婴齐》注明是“武帝时”，《道家盲》注明“近世”。所以，在汉代竟举不出道家著名的学者和著作来。

《汉志》诸子略中著录的汉代人作品，以儒家为最多。如《陆贾》二十三篇，今存《新语》十二篇；《贾谊》五十八篇，今存《新书》五十六篇；《董仲舒》百二十三篇，今存《春秋繁露》；桓宽《盐铁论》，今存《汉魏丛书》中；刘向所作，今存《说苑》、《新序》、《列女传》；扬雄所作，今存《太玄》、《法言》。《新语》虽“贵仁义，贱刑威，述《诗》、《书》、《春秋》、《论语》，绍孟、荀而开贾、董”（用严可均语），但陆贾为汉初说士，以《汉志》所分十家衡之，似当入纵横家。贾谊《鹏鸟赋》明“同生死，轻去就”之旨（《史记》本传评语），其云“万物变化兮，固无休息。斡流而迁兮，或推而还。形气转续兮，化变而嬗。沕穆无穷兮，胡可胜言。祸兮福所倚，福兮祸所伏”、“大专槃物兮，坱轧无垠。天不可与虑兮，道不可与谋”、“天地为炉兮，造化为工；阴阳为炭兮，万物为铜”、“忽然为人兮，何足控抟；化为异物兮，又何足患”、“至人遗物兮，独与道俱”、“真人淡漠兮，独与道息。释知遗形兮，超然自丧；寥廓忽荒兮，与道翱翔”、“其生若浮兮，其死若休”等皆道家老、庄之妙旨，则殆以儒家而兼习道家言者。且其说文帝“易服色，法制度”，草仪法时“色尚黄，数用五”，似又兼习阴阳家言者（《汉志》阴阳家有《五曹官制》五篇，自注云“汉制，似贾谊所条”）。谊，洛阳人。年二十余即为文帝博士，一年超迁至太中大夫。为诸功臣所沮，出为长沙王梁王太傅。梁王堕马死，谊亦哭泣而卒，年仅三十三。《盐铁论》虽称述先王、六经，确似儒家之言，但此书原因昭帝诏御史大夫桑弘羊等与请罢盐铁、榷酤之郡国贤良文学相诘难，宽特撰辑其议论，非一家言。至于刘向的《说苑》、《新序》、《列女传》，则辑载故事，不同先秦诸子之体。扬雄《太玄》仿《易》、《法言》仿《论语》，但求形似，了无新义。所以求儒家代表于西汉之世，终得推董仲舒了。仲舒，广川人。治《春秋》，景帝时为博士，《汉书》本传称其“下帷讲诵，三年不窥园，进退容止，非礼不行”。武帝时，举贤良，对《天人三策》（俱见《汉书》本传中），据《春秋》以明“天人之际”。如云：“道者，所由适于治之路也，仁义、礼乐皆其具也。”“天道之大者在阴阳，阳为德，刑为阴；刑主杀，德主生。……天任德而不任刑，……王者承天意以从事，故任德教而不任刑。”“为人君者正心以正朝廷，正朝廷以正百官，正百官以正万民。”“古之王者……治天下，莫不以教化为大务。”“仁、谊、礼、知、信，五常之道，王者所当修饬。”“天命之性人为贵，明于天性知自贵于物，……然后知仁谊，……重礼节，……安处善，……乐循理，……然后谓之君子。”“道之大原出于天，天不变，道亦不变。”及为江都相，对易王问云：“正其谊不谋其利，明其道不计其功。”这才是儒家正统派的言论。今存《春秋繁露》（“繁”亦作“蕃”）凡十七篇，至北宋始出，且《汉书》本传以《蕃露》与《玉杯》、《清明》、《竹林》等并举，而今则其余诸篇皆在《繁露》中，故《崇文总目》颇疑其伪，程大昌尤力排之。但此书发挥《春秋》之旨多宗公羊，仲舒本以公羊《春秋》名家，虽未必全出仲舒，要非隋唐人所作。

司马谈论六家，独崇“道德”。谈“学天官于唐都，受《易》于杨何，习道论于黄子”（见《史记·太史公自序》），殆深有得于道家者。后人因此，讥司马迁作《史记》“尊黄、老而退六经”。迁作《史记》，卓然自成一家之言，虽承家教，但与其说他崇尚道家，毋宁说他尊信孔子。《自序》称承父遗命，论著史记，旨在绍孔子，继《春秋》；答壶遂，又引董仲舒之言，历论六经，以为各有所长，各有所用，而《春秋》为“礼义之大宗”，故“拨乱世反之正，莫近于《春秋》”。虽自谦为“述故事，整齐其世传，非所谓作”，不敢比于《春秋》，但已暗示其上承《春秋》作史之旨。且其将老、庄与申、韩同列一传，而孔子特列世家，赞云：“《诗》有之：‘高山仰止，景行行止。’虽不能至，然心乡往之。余读孔氏书，想见其为人。适鲁，观仲尼庙堂车服礼器，诸生以时习礼其家，余低回留之不能去云。天下君王至于贤人众矣，当时则荣，没则已焉。孔子布衣，传十余世，学者宗之。自天子、王侯，中国言六艺者折中于夫子，可谓至圣矣！”其推崇可谓备至了。

司马迁字子长，阳夏人，生于龙门。继父谈为太史令，因李陵事遭腐刑，乃发愤而作《史记》。《史记》这部书开我国史书的新纪元，《史记》以前可以说没有正式的史书，故其不但创纪传体，为二十四史之冠而已。玄同师有言：

> 迁撰《太史公书》(东方朔为题此名，见桓谭《新论》。《汉志》著录于六艺略春秋类，亦称《太史公》)，其自记论次学术之意曰“厥协六经异传，整齐百家杂语”，则明于学贵闳通，而不当入主出奴，妄立门户也；其自记叙述历史之意曰“述往事，知来者”，则明于史为发明社会变迁进化之真相，而非徒叙陈迹也。本纪托始陶唐(《五帝本纪》虽始于黄帝，而自序明言“述陶唐以来”，是托始于尧也)，世家托始泰伯，列传托始伯夷，贵让国也；项羽

> 升入本纪，陈涉列入世家，尊革命也；刺客、游侠有传，嫉社会之不平也；货殖有传，明生计之切要也。盖司马迁者，实集上古思想学术之大成，而又自具特识之人也。

《史记》虽然不是一部子书，司马迁却是西汉一位特出的学者，但不能以任何一家囿之，举其近似者言，则还是和儒家接近些。

汉初还有几个有名的游说之士，如高帝、文帝时两使南越说南越王赵佗的陆贾、为楚说韩信的蒯通、为汉下齐七十余城的郦食其等。郦生无书；陆贾《新语》，《汉志》入儒家；与《蒯子》同列纵横家者，尚有邹阳、主父偃、徐乐、庄安诸人。但所谓纵横家者，本是纵横捭阖的政客，本无学理可言，其书亦均不传，不必再去检讨了。阴阳家、农家、小说家，《汉志》所录虽有几部汉人的著作，亦都不存。小说家中的虞初《周说》九百四十三篇，即张衡《西京赋》所谓"小说九百，本之虞初"，似可推为我国小说之祖。今其书既亡，其人生平亦不可考，但知其在武帝时曾以方士侍郎号黄车使者而已。此外，名、墨二家竟无汉人作品。惟杂家中有《淮南》内二十一篇、外三十三篇，今尚存内书，是汉代一部有名的子书。此书原名"淮南鸿烈"，鸿，大也；烈，明也，以为大明道之言也。虽杂采众家之说，而大旨归之于道，故有此名。旧题淮南王刘安撰，实则安集其门客所作，正与吕不韦之《吕氏春秋》相同。《要略》篇为其自序，有云："刘氏之书，观天地之象，通古今之事，权事而立制，度形而施宜，原道之心，合三王之风，……理万物，应变化，通殊类，非循一迹之路、守一隅之指，拘系牵连之物而不与世推移也。”要之，其长在“赡”，其短在“杂”，也正和《吕氏春秋》一样。

东汉时，文人单篇之作多，学者专门之书少。即如班固的《汉书》、荀悦的《汉纪》，在史书固为名著，但已不能如司马迁之《史记》有其特到之见；如班固的《白虎通义》，虽征引六经传记多存古义，但仅足为经学家考证之资，且系奉诏裒撰诸儒在北宫白虎观讨论五经异同的议论而成，非班氏一家之言；如应劭的《风俗通义》，其考论典礼似《白虎通义》，而记风俗姓氏又似类书；蔡邕的《独断》，也是《白虎通义》的姊妹编；就是曹丕竭力推崇，称为“成一家之言，辞义典雅足传于后”的《中论》，为东汉末徐幹所撰者，虽亦原本经训，归于圣贤之道，在儒家著述中仍不能算一部有价值的书。余如桓谭《新论》、仲长统《昌言》亦时有善言，但都不是专家名著。

王充的《论衡》虽稍嫌繁芜，却是东汉一代有价值的书。其中如《问孔》。《刺孟》二篇，虽语多偏激，提出的问题亦无关宏旨，但实事求是，不肯轻信古人，也是他的精神。且如论生死、论无鬼则驳正虚妄、破除迷信，论世运则主张进化，论文学则主浅易实用而反对摹仿古籍。玄同师说他“学术既富，思想又新，终东汉之世，未有偏正”，亦非过誉。充字仲任，上虞人。尝师事班彪，生平并无著名的事迹，所著《论衡》

八十五卷，初亦不为人所重视，蔡邕游会稽，得此书大赏之，始显于世。这部书，若要以《汉志》所分的十家为标准，简直是无类可归的，因为王充的思想没有一家可以包括它。

综上所述，则秦、汉、三国学者，仅贾谊、董仲舒、司马迁、王充、诸葛亮五人庶几可绍先秦诸子。从秦至三国，这中间也有四百五六十年，何以春秋、战国盛极一时的诸子之学，会如此衰落呢？一般人往往归罪于秦始皇的焚书坑儒、汉武帝的“罢黜百家，独尊儒术”，而促成此二事的则为李斯和董仲舒。焚书坑儒的公案，我在《经与经学》里已经详细评述过。据《史记·秦始皇本纪》和《李斯列传》看来，所坑之儒是方士而非学者，所焚之书是民间所藏而非博士官所职。且其焚书，旨在禁儒生之“以古非今”，故违令私藏古书，罪仅黥为城旦，其旨在复古代学在王官之旧，借以统制思想，故云“若欲有学，以吏为师”。秦祚至短，汉惠帝即除挟书之禁，古籍虽经此厄，决不至全被毁灭。而且经传因有晚出的古文本，所以说今文本残缺不全；诸子之书从无所谓古文本，则汉世所传决非秦火残缺之余，诸子之学亦不致因而绝传。故秦之焚坑，非诸子学衰落的原因可知（胡适《中国古代哲学史大纲》亦言之甚详）。《汉书》本传载董仲舒对策有云：“《春秋》大一统者，天地之常经，古今之通谊也。今师异道，人异论，百家殊方，指意不同，是以上亡以持一统，法制数变，下不知所守。臣愚以为诸不在六艺之科、孔子之术者皆绝其道，勿使并进。邪僻之说灭息，然后统纪可一而法度可明，民知所从矣。”本传末又云：“自武帝初立，魏其、武安侯为相，而隆儒矣。及仲舒对策，推明孔氏，抑黜百家。立学校之官，州郡举茂材、孝廉，皆自仲舒发之。”始皇从李斯之议，焚《诗》、《书》，禁私学；武帝用仲舒之策，独尊孔子，罢黜百家，其目的同在统一学术，钳制思想。不过始皇以法令焚禁，用的是威胁；武帝以利禄为饵，用的是利诱，其手段不同而已。威胁不如利诱，故武帝罢黜百家而后，学术统于一尊，诸子之学遂以衰歇。为此说者，似更持之有故、言之成理了。可是我认为，仲舒对策之请息邪说、一统纪，“诸不在六艺之科、孔子之术者皆绝其道，勿使并进”，为各家争门户主奴之常谈。道家谓“圣人不死，大盗不止”，“绝圣弃知，民利百倍”；墨家言“儒之道足以丧天下”，而《公孟》、《非儒》诸篇对儒家之排击尤力；儒家之孟子直斥杨、墨为禽兽，并云“杨、墨之道不息，孔子之道不著”，诸如此类，不胜枚举。仲舒既为儒家，自然主张独尊孔子。而且所谓“皆绝其道，勿使并进”者，言绝其与儒术并进用于朝廷之路，并非灭绝诸子之道。仲舒对策以后并未大用，终其身不过为江都相、胶西相而已，据本传末所说，亦仅云“立学校之官，州郡举茂材、孝廉，皆自仲舒发之”，武帝并未因仲舒之对策而下诏罢黜百家。西汉武帝以前并未尊儒，文帝喜黄老，景帝喜刑名，武帝初年亦尚以窦太皇太后之故未尝专尊儒术，何以彼时道、墨、名、法诸家亦无著名的人物和著作呢？所以仅据对策中几句文章，便说武帝有罢黜百家的事实，而且认为汉代诸子学衰落之原因在此，亦未可信。总之，秦始皇之焚书，经传、诸子之书固同受一大打击，但政府的禁令决不能完全禁绝民间之书；汉武帝尊重儒术，置五经博士，以利禄为饵，儒家固从此抬起头来，但他只是在积极方面尊崇儒术，并没有在消极方面实行罢黜百家，也不至使流行民间的诸子之学完全衰歇，故此二事不能说是诸子学衰落的原因。诸子之勃兴，有其因、有其缘，则其衰落亦必另有因缘了。

第十五章

诸子学衰落的原因

第十五章
诸子学衰落的原因

诸子学衰落于西汉中世以后，已如上章所述，但是秦始皇的焚书坑儒、汉武帝的罢黜百家这两件事，不能认为诸子学衰落的“因”，即使退一步说也只能认为诸子学衰落的“缘”，而且是不重要的缘。那么，诸子衰落的因缘在哪里呢？本书第一章早已说过，诸子的时代应自春秋末年起至西汉中世止，这个时期，我国的政治、社会有一番划时代的大变动，封建制度逐渐崩溃，随着它崩溃的还有贵族阶级和井田制度，加以此时战祸连年、政治黑暗，受此局势的激荡，诸子之学于是勃兴。到了西汉中世，封建制度实际上已完全铲除，郡县制度的基础已奠定了，商业已代农业握社会经济之权，富人阶级代贵族阶级而兴，社会民众已安之若素，全国统一，战祸根本消弭，文、景之治，史称其庶几成、康，政治也清明了。这正和湖海一样，有风然后成浪，风既不兴，自然波平浪静了。这波平如镜的局面，便是诸子学逐渐衰落的“缘”。

“缘”是外在的，“因”是内在的。诸子学衰落的原因，还在它们本身。诸子学衰落之内在的“因”，一种是诸子学本身的缺陷，一种是学派的蜕变，一种是学风的转向。兹分述如下：

甲、诸子学本身的缺陷，显而易见者有三点：

第一是消极的怀疑主义。当时所谓“名家”，对于知识极信仰，以为真理是可以探知的，是非是可以辩明的，故说：“彼，不可两不可也。”“辩也者，或谓之非，或谓之是，当者胜也。”信仰知识，故竭力探求知识，欲辨是非真伪，故竭力讲究名学。所以《庄子·天下》篇记惠施、公孙龙和“墨辨”所述，已有科学的萌芽。如从此逐渐进步，则我国科学的发达，当早在汉、唐之世。可是那时道家的庄子却把一切是非、真伪、大小、同异等的差别都否认了，对于名学既抱怀疑，则知识不足信仰，不必探求。庄子又说：“吾生也有涯而知也无涯，以有涯随无涯，殆已！”（见《养生主》）则更认知识的探求为不可能了。辩论既不可信，知识又不可求，则刚在萌芽的名学科学，当时人所诧为诡辩者，谁肯再去深求？庄子所崇尚的原是“使民无知无欲”，尚“无名之朴”，认为“绝学无忧”的老子之道，其说如此，诚不足怪。但对于正在萌芽发达之近于科学的名学，则是一致命的打击。

第二是狭义的功用主义。名学发达的时候，有坚白、同异的辩论，有时间、空间的探讨，这些问题，在一般人看来往往觉得是最不切实用，所以名之曰“诡辩”。《荀子·儒效》篇云：“凡事行，有益于理者立之，无益于理者废之。……若夫充虚之相施易也（‘施’音迤，移也。‘充虚’，即虚实），坚白、同异之分隔也，是聪耳之所不能听也，明目之所不能见也，……

虽有圣人之知未能偻指也。不知，无害为君子；知之，无损为小人。”他简直认“充虚之相施易”、“坚白同异之分隔”为“无益于理”而当废者。《解蔽》篇又云：“若夫非分是非，非治曲直，非辨治乱，非治人道，虽能之无益于人，不能无损于人。案直将治怪说，玩奇辞，以相挠滑也。……此乱世好人之说也。”《墨子·小取》说辩的功用有六，一曰明是非，二曰审治乱，三曰明同异，四曰察名实，五曰处利害，六曰决嫌疑。荀子所说，范围比它狭得多了，在他范围之外的辩论，荀子都认为是无益的，为乱世好人的怪说奇辞。韩非承之，乃曰：“言行者，以功用为之的彀者也。……今听言观行，不以功用为之的彀，言虽至察，行虽至坚，则妄发之说也。是以乱世之听言也，以难知为察，以博文为辩；其观行也，以离群为贤，以犯上为抗。……是以儒服带剑者众而耕战之士寡，坚白无厚之辞章而宪令之法息。”他认为于富国强兵有直接的、立刻的效用之言行，方为可贵，故谓“儒服带剑者”与“坚白无厚之辞”，不如“耕战之士”与“宪令之法”，不但所谓各家在排斥之列，“儒服带剑者”亦是不合于“功用”之“的彀”而当被禁止。韩非学儒者之业于荀子，而主张如此，可谓“入吾室，操吾戈以逐我”了（用何休语）。秦始皇焚书后曾说：“吾前收天下书不中用者去之。”拿这句话去复按他的焚书令，可见他认为有用者，非医药、卜筮、种树之书，便是人民所应学的法令。这种狭义的功用主义者，眼光真是短浅极了！

第三是极端的自苦主义。墨子本“摩顶放踵，利天下为之”的精神，牺牲自我以救世，原极可钦佩，但以“腓无胈，胫无毛，沐甚雨，栉疾风”为行为的标准，未免太劳苦了；“以裘褐为衣，跂跻步千里为服”，“粗粝为食，藜藿为羹”，且举一切音乐、图画、雕刻等美术而废绝之，这种生活未免太刻苦，太枯燥了；生前既勤苦如此，死后又主张“桐棺三寸而无椁”，真是如《庄子·天下》篇所云“其生也勤，其死也薄，其道太觳；使人忧，使人悲，其行难为”，“反天下之心，天下不堪”，太不近情，故“不可以为圣人之道”。虽然他托之“天志”，托之鬼神，思以宗教的力量驱策信徒，虽然他的门徒或再传弟子受了他精神的感召，也有不辞赴汤蹈火的精神，但是能强天下后世都如此自苦吗？“墨子虽独能任，奈天下何？”《天下》篇这句话，可谓一针见血。

以上三种缺陷，第一种是从道家本身发生出来的；第二种是从儒家荀了一派及法家本身发生出来的，而其影响所及则为名家；第三种是从墨家本身发生出来的，影响仍及于墨家本身。所以秦汉以后，其余八家虽皆渐就衰落，尚有传人，唯名家和墨家竟致中绝。《汉志》诸子略惟此二家无汉代人的作品著录，便是因此（上文所述“消极的怀疑主义”、“狭义的功用主义”二者，采胡适说，见《中国古代哲学史大纲》）。

乙、学派的蜕变，以儒、道两家为例：

一是儒家之蜕变为“经生”。《论语》记孔子之言曰：“学而不思则罔，思而不学则殆。”《中庸》所谓“尊德性”是思，所谓“道问学”是学；所谓“慎思”、“明辨”是思，“博学”、“审问”是学。学是客观的，思是主观的。孔子原主张学与思并重的，他的弟子却分为两派了：一派是闻“一贯之道”的曾子，其传为子思、孟轲，是为“传道之儒”；一派是得六经之传的子夏，其传为荀子，是为“传经之儒”（汪中《荀子通论》谓六经皆传自荀子，参看《经与经学》）。秦始皇焚禁《诗》、《书》，民间经籍虽决不至完全被烧，但私藏者终不敢出而问世，及汉惠帝四年明令除挟书之禁，于是藏书复出。经汉世诸帝王竭力提倡，不但藏书尽出，而且章句训诂、整理诸经的工作成为一时的风尚，而且谨守师法，各立门户。于是《易》有施、孟、梁丘，《书》有欧阳、大小夏侯，《诗》有齐、鲁，韩，《礼》有大、小戴及庆氏，《春秋》有胡毋生、董仲舒，支派繁衍，盛极一时。至西汉末而所谓古文经者又出，费氏《易》、毛氏《诗》、左氏《春秋》、逸《礼》、《周官》以及古文《尚书》、《孝经》、《论语》并行于世，而古文出世后今古之争，今古混合后郑（玄）、王（肃）之争，历数百年。故两汉时所谓儒家，几尽为致力于章句训诂之经生，阅《史记》、《汉书》及《后汉书》之《儒林传》，可以见其大概（参看《经与经学》）。此辈经生的工夫皆偏于“学”的一方面，专重客观的书本，拘守所谓师承、家法者，不但去孔子甚远，且非“传道之儒”，即去荀子亦很远。故虽有传经之功，而儒家之学则已改变其本来的面目。这是儒家第一种蜕变。

二是儒、道二家之混合于“方士”。我国古代政治和宗教不分，学术又在王官掌于祝史，故五行鬼神之说在夏、商时迭为盛衰，故那时所谓学术几全是阴阳家言。春秋末勃兴之诸子，如孔子，虽以“慎终追远，民德归厚”（用《论语》曾子语）之故而重丧葬祭祀，对于生死鬼神仍均抱怀疑态度（如答子路云“未知生，焉知死”、“未能事人，焉能事鬼”，答樊迟云“务民之义，敬鬼神而远之”，又云“祭如在，祭神如神在”，均见《论语》）；如《老子》，直云“其鬼不神”，“其神不伤人”，都已渐渐脱离迷信了。可是战国末年，却有所谓“方士”出来，以求神仙及不死之药欺惑国君和民众。燕昭王欲求长生之药，反被药毒死，齐威王、宣王也都迷信方士，可见方士是起于燕、齐滨海之地的。那时滨海之地，鱼业已渐发达（《管子》已常提到鱼盐之利），航海出去捕鱼的人往往会带些海外奇闻回来，又常见海上云气的幻象，所谓“海市蜃楼”之类，于是有恢廓的思想者则有“大九州”的幻想，有迷信的观念者则有海上三神山（蓬莱、方丈、瀛洲）的幻想。这是发生方士之地理的背景。战国时著名的阴阳家，如驺衍、驺奭皆为齐人，驺衍又曾为燕昭王师，彼等以“谈天”、“雕龙”之辩，发挥其阴阳五行之说，当然足以影响民间。这是发生方士之学术的背景。至于南方文人，如屈原等采南方新民族之富于理想的神话，为他们富于想象的新文学（辞赋）之材料，《庄子》书中以列子御风、藐姑射仙子等神话为材料，又有“大浸稽天而不溺，大旱金石流、土山焦而不热”等远离现实的理想，虽也可以助长一般人的神仙观念（胡适说，见《中国古代哲学史大纲》），但尚不足以说明方士之不产生于楚、魏而产于燕、齐之故。秦始皇既统一六国，便有“做了皇帝想登仙”的念头，所以信任方士，使徐市带了童男女数千人入海求神仙，使卢生去寻仙人羡门子高，使韩终（亦作“韩众”）、侯生等去求不死之药，召集天下方术士无数，候星气者多至三百人；汉武帝也信仰李少君，使方士入海求蓬莱安期生之属，而以少翁为文成将军、栾大为五利将军，公孙卿亦以方士得宠，而齐人上疏言神怪奇方者以万数（见《史记·秦始皇本纪》与《孝武本纪》）。经这两位雄主一提倡，方士遂以大盛。儒家受其影响，于是《易》则有京房灾异一派，《书》则《洪范》五行别成专门之学，《诗》则《齐诗》有“五际六情”之说，礼则有《明堂阴阳》之书（《汉志》易类有《杂灾异》、《灾异孟氏京房》，书类有《五行传记》，礼类有《明堂阴阳说》，参阅《经与经学》），就是号为汉代大儒而长于公羊《春秋》的董仲舒，也喜言灾异，其求雨、求晴之法直同后世的道士。哀、平之际，谶纬之说起，孔子与六经竟染上了极浓厚的迷信的色彩了（夏曾佑《中国古代史》有“儒家与方士之混合”一章，言之颇详，可供参考）。《荀子·非十二子》篇评子思、孟轲，有“案往旧造说，谓之五行”的话。今《中庸》及《孟子》七篇中并无五行之说，荀子所云，或子思、孟子一派的后学。此说如确，则儒家与方士之混合，或与思、孟一派有关。这是儒家第二种蜕变。

和方士混合的不但儒家，道家受方士的影响更大。老子"以自隐无名为务"，故去周之后"不知所终"。"不知所终"云者，本是因他隐居以终，故世人不复知其下落，而汉世信方士之说者，却把他看做了神仙，于是种种神怪的传说都以他为箭垛，这正和现在民间传说徐文长的故事一般了（《史记》所以历载老莱子与太史儋即老子，及老子如何长寿的传说，而又详记老子的子孙者，正是要辨正老子仙去的谬说）。注《老子》的河上公，也有是文帝时仙人的传说。至《庄子》中列子御风、藐姑射仙子等话，原是庄生的"谬悠之说，荒唐之言"，但在方士思想迷漫的汉代，却是极好的神仙故事。所以老子、庄子既染上了神仙的色彩，道家便也和方士混合，至东汉末年乃有张道陵的道教出来，竟以老子为教主了。这是道家的蜕变。

儒家、道家在战国后半期已蜕变为法家。在汉代，儒家又蜕变为经生、为谶纬，武帝以利禄提倡儒术的结果，徒造成些"曲学阿世"，志在青紫的"辟儒"；道家的老、庄，也一变为神仙，再变为道教的教主，儒、道两家还能不没落吗？馀如墨学已与名学俱绝，而其牺牲救世的精神则蜕变为游侠；法家之学，自李斯只知阿谀固宠，发为"督责"之论，其信赏必罚、综核名实的法治精神已失，徒存严刑峻法、惨刻寡恩的议论，于是蜕变而为酷吏；农家已失"君民并耕"的杰出之旨，而蜕变为农艺种树者流；小说家亦无复宋子“非攻寝兵”、“上说下教”之人，而蜕变为捃摭故事，记录神怪之作；阴阳家早蜕变为方士，纵横家早蜕变为赋家，杂家也蜕变为杂文类书了（如《汉志》杂家的《荆轲论》、《推杂书》等），于是各家的本来面目几乎尽失，诸子之学还能不没落吗？

丙、学风的转向：

先秦书籍作述不同，或就已成之作加以改削，藉寓己见，如孔子的《春秋》袭鲁史之名，用鲁史之事，而大义微言胥于一字的褒贬见之，此似述而实作者；或弟子门人记其言行，纂辑成书，如《论语》、《孟子》皆出于孔、孟弟子，非其自著，而孔、孟所创之学说存焉，此以体例言则为述，以内容言则为作；或其人本无著作，后学追述，以志景仰，组织扩充，乃成名著，今传《老子》疑即此类，《庄子》、《墨子》并与此同，此以实际言则为述，以体例言则似作；复有欲抒己见，托之古人借增声价，如黄帝、神农、伊尹、太公之书皆由后人依托，此则似述非述，似作非作者，但大多各有其思想之中心，学术之系统，成所谓“一家之言”。虽《管子》、《晏子春秋》等书由后人纂录而成，杂缀异说，已开所谓“杂家”之先声，而其体例尚仍子书之旧。战国末世，辞赋兴而文艺出，赋盛于西汉，而单篇之文渐多。降及东汉，文人单篇之作远过于学者之专著，于是裒集个人单篇而成之“别集”兴焉。先秦诸子之书皆以自抒己见为旨，即使孔子之系《易》、删《诗》、序《书》、定《礼》，皆属信而有征，亦但就古籍凭己意加以整理，而非笺释其文句。儒家后学乃有申述大旨之记，如《礼记·冠义》、《昏义》之于《士冠礼》、《士昏礼》，以及《丧服小记》、《丧服大记》之于《丧服》等；解说义例之传，如《公羊传》、《谷梁传》。降及西汉，经生笃于章句训诂，解经之书几如雨后春笋，勃然而作，于是经学兴焉。文人辞赋喜仿前人名作，汉人之赋，初期几皆摹仿楚辞，如刘向《九叹》、王褒《九怀》、王逸《九思》其尤著者；嗣复公然模仿，以后袭前，如枚乘《七发》之后又有傅毅《七激》、崔骃《七依》、崔瑗《七苏》、马融《七广》，东方朔《答客难》之后又有扬雄《解嘲》、班固《答宾戏》、崔骃《达旨》，此在文艺已非上乘。而扬雄仿《论语》以作《法言》，仿《易》以作《太玄》，直以文人摹古之法施之学术专门之作，于是摹仿之风兴焉。先秦诸子之托古旨在改制，即依托之书虽假古人之名，亦自有其宗旨。西汉之末，刘歆继其父向领校秘书，得此凭借，乃伪造《周官》以佐新莽之改制，盖亦袭诸子托古改制之故技，但欲掩其作伪之迹，乃遍伪诸经，加以窜改（用今文家说，参看《经与经学》）。东汉之末、三国之初，复有王肃伪造《孔丛子》、《孔子家语》、伪古文《尚书》以为攻击郑玄之地，于是作伪之风出焉。单篇多而学术之专著少，经学盛而饾饤琐屑之笺释多，摹仿、作伪之风开而创作之道衰、著述之德替，先秦学风因以大变。诸子学的衰落，此亦其原因之一。

诸子学所以衰落于西汉中世之后，有上述三种内在的“因”，有划时代的政治、社会的大变动至此终止的“缘”，又有秦始皇的焚书、汉武帝的尊儒两种政治上的刺激，以促其因缘的凑合，遂成不可复挽的趋势。此其关系颇为复杂，一般人仅举秦皇、汉武二事为诸子衰落之原因，未免知其一不知其二、见其小不见其大吧！

第十六章

诸子学的余波——魏晋思想

诸子之学勃兴于春秋之末，至战国而全盛，至西汉中世而衰落，具如上述，魏晋时代之思想则为诸子学之余波。两汉经学极盛，其末流之弊，则“守师说，争门户，碎义逃难，便辞巧说，汩没性灵，闭塞思想，达于极点”（用钱玄同师序《中国学术思想论文集要》语）。如秦延君之说《尧典》，诚颜之推所讥为“博士卖驴，书券三纸，尚无驴字”者。且东汉、三国以后，道教已成立，佛教已输入，文人亦颇受佛、道二教的影响，故多搜神志怪之书，求仙炼丹之说，学术思想衰落已极。自东汉之末，党锢祸兴、黄巾变起，继以三国之争、五胡之乱，国内纷扰，复有年所。经此激荡，乃有所谓“魏晋思想”发生，此盖道家思想之回光返照，亦周秦诸子之余波。魏晋思想殆可分为二派，一曰老庄的玄言，一曰颓废的思想。属于前者，以阮籍、鲍敬言、陶潜诸人为代表；属于后者，以伪《列子》的《杨朱》篇为代表，但皆以道家思想为其根据。

道家之老庄排斥礼乐，废弃仁义，反对人治，尊崇自然，其所憧憬的理想社会，即《老子》所说的“小国寡民”、《庄子》所说的“至德之世”。阮籍《大人先生传》云：“无君而庶物定，无臣而万事理。”又曰：“君立而虐兴，臣立而贼生。”盖主道家无君无治之说者，其《通易》、《达庄》诸论，非深造于道家玄旨者不能作。陶潜作《五柳先生传》，以无怀氏、葛天氏之民自比，北窗高卧，自谓“羲皇上人”；他的《桃花源记》是很好的一篇短篇小说，具体地描写出他的理想社会，无礼乐刑政而居民自得其乐，正和老庄的理想相同。

籍字嗣宗，魏尉氏人。嗜酒，任性不羁，博览群籍，尤好《老》、《庄》。本有志于济世，属魏晋之际，天下多故，名士少有全者，乃不复与世事。司马昭欲为其子炎求婚于籍，籍醉六十日，不得言而止。钟会数以时事问之，欲因其可否而致之罪，亦以酣醉获免。闻步兵厨有佳酿，乃求为步兵校尉。性至孝，其母临终时正与人围棋，对者求止，籍留与终局，既而饮酒二斗，举声一号，吐血数升。将葬临穴，亦然。裴楷往吊，籍散发箕踞，醉而直视，而“毁瘠骨立，殆致灭性”。又能为青白眼，见礼俗之士辄以白眼对之。其邻酒家有当垆少妇，籍诣饮，醉便卧其侧，其夫察之亦不疑。有少女未嫁而死，籍不识其父兄而径往哭之。其不为礼教所拘如此。籍尝曰：“礼岂为我辈设邪？”裴楷亦云：“阮籍方外之士，故不崇礼典。”其所作《大人先生传》讥世之君子为“裈中之虱”，其旨趣已可概见。惟籍仅有单篇诗文，无专著，生平事实详见《晋书》本传。

陶潜，字元亮，本名渊明，入宋后更名曰潜。尝著《五柳先生传》，自谓“闲静少言，不慕荣利，好读书不求甚解”（“不求甚解”非不求解之谓，经生释经动辄数万言，即所谓“求甚解”)。尝为彭泽令，会岁终，郡遣督邮至(“邮”为“尤”之假借字，督邮犹今之视察员)，吏白当束带见之，潜叹曰：“我岂能为五斗米向乡里小儿折腰？”即解印绶去，作《归去来辞》以见志。隐居，喜菊，盖以菊花自比。不解音律而蓄无弦的素琴一张，抚弄以寄意，尝曰：“但识琴中趣，何劳弦上音？”与客饮，先醉，便语客曰：“我醉欲眠，卿可去。”酿酒初熟，脱葛巾漉酒，漉毕复著之。尝作《自祭文》，颇有得于道家“一生死”的妙旨。后人辑其诗文为《陶靖节先生集》，《晋书》、《南史》均有传，梁昭明太子萧统也曾为他作传。

鲍敬言的生平，已无从考见。晋葛洪所作《抱朴子》，内篇言神仙导引、炼丹符篆之术，外篇杂论人事政治，就本书言殆无可观，惟外篇中有《诘鲍》篇，录鲍敬言的话而加以驳斥，却保存了鲍敬言的议论。篇首言“鲍生敬言好老庄之书，治剧辩之言，以为古者无君，胜于今世”，则魏晋间人主无君说者，要以鲍敬言为最明白了。他以为儒者说“天生烝民而树之君”，皇天未尝谆谆言，不过欲之者为之辞而已。君臣之道，起于强凌弱、智诈愚，弱者、愚者为强者、智者所制，苍天原无所事。又谓“促辔衔镳非马之性，荷轭运重非牛之乐”，“穿本完之鼻，绊天放之脚，非万物并生之意”，恰与《庄子·马蹄》同一旨意。“曩古之世，无君无臣”，故“势利不萌，祸乱不作”，“万物玄同，相忘于道”，“安得聚敛以夺民财，安得严刑以为坑阱”？“降及杪季，智用巧生，道德既衰，尊卑有序”，“去宗日远，背朴弥增，尚贤则民争名，贵货则盗贼起”。并谓桀、纣所以能“肆酷恣欲，屠割天下，由于为君”，“若令斯人并为匹夫，性虽凶奢，安得为之”？及“君臣既立，众慝日滋”，而欲“闲之以礼度，整之以刑罚，是犹辟滔天之源，激不测之流，塞之以撮壤，障之以指掌”。故“散鹿台之财，发钜桥之粟”，不如本不聚金敛粟；“休牛桃林，放马华山”，不如本无军旅战伐；“茅茨土阶，弃织拔葵”，“俭以率物，以为美谈”，乃所谓“盗跖分财，取少为让”而已。至于“关梁所以禁非而猾吏因之以为非焉，衡量所以检伪而邪人因之以为伪焉，大臣所以扶危而奸臣恐主之不为危，兵革所以靖难而寇者盗之以为难，此皆有君之所致”。且“细民之争不过小小”，孰与“‘王赫斯怒’、‘陈师鞠旅’，推无仇之民，攻无罪之国，僵尸则动以万计，流血则漂橹丹野”？“无道之君，无世不有，肆其虐乱，天下无邦”，“岂徒小小争夺之患耶”？其发挥无君之旨，可说明畅已极。求之后世，惟宋末邓牧之《吏道》（见《伯牙琴》）、明末黄宗羲之《原君》（见《明夷待访录》）及清初唐甄之《室语》与《抑尊》（见《潜书》）庶几近之。

魏晋间老庄之学复活，当以此类“无君论”为杰出之思想。一般人乃着眼于清谈玄言，如《世说新语》所记，徒资谈助者，以为非此不足以表现魏晋人的风度，未免是皮相之论！

另一方面，则又有消极的、颓废的一派，可以伪《列子》

的《杨朱》篇为其代表。它认为人之所以“苦其身，焦其心”，以求名者，不过为富、为贵、为子孙。但“为名者必廉，廉斯贫；为名者必让，让斯贱”，“尧、舜伪以天下让许由、善卷而不失天下，享祚百年；伯夷、叔齐实以孤竹让终亡其国，饿死首阳”，故曰“实无名，名无实，名者伪而已矣”！又云，百年为人寿之大齐，得百年者千人无一，而孩提昏老几去其半，夜眠昼觉又几去其半，疾病哀苦又几去其半，能逌然自得，无纤介之虑者，不过“一时之中”。人生不过为美厚、为声色，而美厚、声色不可厌足玩闻，而又为刑赏所禁劝、名法所进退，不能自肆，此与重囚累梏何异？太古之人知生之暂来、死之暂往，故从心而游，当身之娱非所去，死后之名无所取，名誉先后、年命多少非所量。且万物所异者生，所同者死，“十年亦死，百年亦死，仁圣亦死，凶愚亦死。生则尧、舜，死则腐骨；生则桀、纣，死则腐骨。腐骨一矣，孰知其异？且趣当生，奚遑死后”！然则其处生死之道如何？曰“肆之而已”，“恣耳之所欲听，恣目之所欲视，恣鼻之所欲向，恣口之所欲言，恣体之所欲安，恣意之所欲行”，此即所谓“肆之”之道。至于既死，则“焚之亦可，沉之亦可，瘞之亦可，露之亦可，衣薪而弃诸沟壑亦可，衮衣绣裳而纳绪石椁亦可”。于是假托郑子产之兄弟公孙朝与公孙穆、子贡之后端木叔，竭力描写其纵欲的生活而谥之曰“真人”、“达人”。又以舜、禹、周、孔为天民之穷毒、忧苦、危惧、遑遽者，虽死有万世之名而生无一日之欢；以桀、纣为天民之逸荡、放纵者，虽死被愚暴之名而生有纵欲之欢。但身死之后，称之弗知，毁之弗知，已与株块无异了。所以这篇文章的结论乃是“刹那的纵欲主义”，真是一种要不得的颓废思想！但既托名杨朱，故也有一段文章说到杨朱的“为我”，其最扼要之言曰：“古之人，损一毫以利天下，不与也；悉天下以奉一身，不取也。人人不损一毫，人人不利天下，天下治矣。”但细核上下文，殊觉中间横插此段有些不伦不类，盖取《孟子》“杨子为我，拔一毛而利天下不为”的话，以为此篇为杨朱遗著之证而已。所以近来一般人根据此篇，以为战国时道家杨朱的学说，我却认为是魏晋间颓废派思想的代表。

以《杨朱》篇代表魏晋间的颓废思想，并非是我的创见，钱玄同师序《中国学术思想论文集要》已取蔡元培《中国伦理学史》（此书著者署曰蔡振）之说：

> 晋宋之世，以兵乱相寻，朝不保夕之故，而志行薄弱之士，乃取儒、道两家及佛教之说，灭裂而杂糅之。以道家之“无为”主义为本，而于佛教仅取其“厌世”思想，于儒家则留其阶级思想及“有命论”。主张有阶级，于是道家、佛教之人类平等观，儒家、佛教之利他主义，皆以为不相容而去之；主张厌世，于是儒家之“克己”、道家之“清净”，以至佛教之“苦行”，皆以为徒自拘苦而去之；

> 主张“有命”及“无为”，于是儒家之“积善”、佛教之“济度”，又以为不相容而去之。于是其所余之观念：有阶级也，厌世也，有命而无可为也，遂集合而为“苟生之唯我论”。此亦学术思想退化之一事也。

此“苟生的唯我论”是纵欲的、消极的、颓废思想之结晶，几千年来深入人心，形成我中华民族的劣根性。

《杨朱》是今存《列子》八篇之一，《汉志》道家有《列子》八篇，自注云：“名圄寇，先庄子，庄子称之。”书前有刘向叙录云：“列子者，郑人也。与郑缪公同时，盖有道者也。其学本于黄帝、老子，号曰道家。”《吕氏春秋·观世》篇高诱注亦云：“列子著书八篇，在庄子前，庄子称之。”刘勰称是书“气伟采奇”，柳宗元谓其“质厚少伪”，洪迈、宋濂、王世贞且以为“简劲出《庄子》上”，刘壎甚至说“漆园之言皆郑圃之余”，则《列子》明明是先秦之书，《杨朱》篇所记当亦战国时杨朱的学说，如何可以它为魏晋间颓废思想的代表？

刘勰、柳宗元、洪迈、刘壎诸人对于《列子》虽备极推崇，但历代学者已有对它发生怀疑的。如高似孙谓“《列子》浅近迂僻”，“出于后人会萃而成之耳”。黄震亦云：《列子》之说“不过爱身自利，其学全类杨朱”，其书八篇“虽与刘向校雠之数合，实则典午氏（即司马氏）渡江后方杂出于诸家。”姚际恒谓《列子》“明媚近人，气脉降矣”。钱大昕谓“《列子》书晋时始行，恐即晋人依托”。汪继培谓其“会萃补缀之迹，诸书见在者可以覆按”。章炳麟亦谓“其书疑汉末人依附刘向叙录为之”，又谓为“魏晋人作”。马夷初师作《列子伪书考》乃断定为魏晋人作，盖“好事之徒，聚敛《管子》、《晏子》、《论语》、《山海经》、《墨子》、《庄子》、《尸佼》、《韩非》、《吕氏春秋》、《韩诗外传》、《淮南》、《说苑》、《新序》之言，附益晚说，成此八篇”。今摘录其论证之大旨于左：

（一）今本《列子》为东晋张湛注。湛述此书来历云：其祖录于外家王氏，遭永嘉（怀帝年号）之乱，仅余《杨朱》、《说符》、目录三卷。过江，复得四卷于刘正舆家，正舆亦王氏甥也。又于王辅嗣女婿赵季子家得六卷，“参校有无，始得全备”。晋世玄言极盛，《老》、《庄》之书几乎家弦户诵，《列子》同是道家，必在不遗，即有亡失，求之亦易。何以张湛述八篇来历，都不离王氏？

（二）《天瑞》篇“有大易、有大始、有大素”一章，张湛注云：“此全是《周易乾凿度》也。”（按孔颖达《周易正义》引《乾凿度》“夫有形者生于无形”至“故曰《易》也”一段全同本篇。）纬书兴于西汉哀、平之世，《乾凿度》即是最早的纬书也，是战国时的作品，列子是春秋时人，如何得见？《老》、《庄》之旨虽与《易》通，未尝有专言及《易》。《易》与《老》、《庄》并称，正是晋人的习气。

（三）《周穆王》篇记穆王驾八骏见西王母于瑶池事，与

《穆天子传》同。此事原系小说家言而并非史实，《穆天子传》至晋太康中方出世，列子何从知之？晋人艳异矜奇，故采入伪造的《列子》（《四库全书总目提要》反以此为《列子》确为秦以前书之证，正为作伪者所欺）。《周穆王》篇又言“梦有六候，一曰正梦……”，与《周官》占梦之言相合。《周官》西汉末方出，而作伪者剽窃之。此篇又记儒生华子之疾，“儒生”之名亦为秦以前所无。

（四）《仲尼》篇：“孔子动容有间，曰：‘西方之人有圣者焉，……’”《庄子·让王》篇伯夷、叔齐二人相谓曰：“吾闻西方之人似有道者。”明指文王。《仲尼》篇历言三皇五帝非圣，而以“圣者”归之“西方之人”，明系袭佛家之言。此篇又有“荡荡乎民无能名焉”句，语同《论语》，张湛引何晏《无名论》及夏侯玄说为注。剽取浮屠，以谈名理；言托尼山，义存老庄，这些也都是魏晋人的习气。

（五）《汤问》篇所言多《山海经》中事，《山海经》亦晚出（《史记·大宛列传》云：“至《禹本纪》、《山海经》所有怪物，余不能言也。”据司马贞《索隐》谓《大宛列传》为褚少孙所补，近人崔适《史记探原》谓系后人直录《汉书》之张骞、李广利传以窜入）。此篇叙及方壶、瀛洲、蓬莱，海上有此三神山为秦时方士之言，秦以前无之。又记火浣布，并云“皇子以为无此物，传之者妄”，此正用魏文帝不信人间有火浣布故事，明为三国以后的人的话。

（六）《力命》篇言郑人邓析“操两可之说，设无穷之辞”，作竹刑数难子产，子产执而诛之。《汉志》名家有《邓析》二篇，颜师古注云：“据《左传》，昭公二十年子产卒，定公九年驷颛杀邓析而用其竹刑。”列子乃春秋末郑人，与子产年代相去不远，何以其错误竟与战国末的《荀子》、《吕氏春秋》相同？

（七）《天瑞》篇谓“天地，空中之一细物，有中之最巨者”，《周穆王》篇谓“西极之国有化人来，入水火，贯金石，反山川，移城邑，乘虚不坠，触实不硋，千变万化，不可穷极，既已变物之形，又且易人之虑”，《汤问》篇言“其山高下周旋三万里，顶平处九千里，山之中间相去七万里，……台观皆金玉，其上禽兽皆纯缟，珠玕之树皆丛生，华实皆有滋味，食之皆不老不死，所居之人皆仙圣之种，一日一夕飞相往来者不可数”，皆袭取佛书。朱子云：此书言“精神入其门，骨骸反其根，我尚何存者，即佛书‘四大皆离，今者妄，身当在何处’之所由出”。不知此正造《列子》者袭佛书，非佛书本《列子》。

（八）刘向叙录谓列子为郑缪公时人。柳宗元《辨列子》据《史记》，以为列子当与驷子阳同时。叶大庆谓驷子阳乃郑繻公时人。《庄子·让王》篇载列子却郑子阳遗粟事，陆德明《释文》云：“子阳，郑相。”《史记·郑世家》繻公二十五年，杀驷子阳。则列子与驷子阳并为繻公时人。据《庄子·德充符》

篇，郑子产师伯昏无人，《田子方》篇谓列御寇为伯昏无人射，《吕氏春秋·下贤》篇高诱注谓子产为壶丘子林弟子，《庄子·应帝王》篇谓壶子名林，列子之师，本书亦云“列子既师壶丘子林，友伯昏瞀人”，是列子又与子产同时了。刘向博极群书，何以独谓为郑缪公时人？向叙录又云：“《穆王》、《汤问》二篇，迂诞恢诡，非君子之言。”又云：“孝景皇帝时贵黄老术，此书颇行于世。……且多寓言，与庄周相类，故太史公司马迁不为列传。”此书既行于景帝时，汉初人引此书的何以如此少？太史公既为庄周作传，何以又因此书多寓言而不为列子作传？所以，伪《列子》前面的刘向叙录也是伪托的。余如《汤问》篇的“六鳌焦螟”，仿《庄子》的“鲲鹏蛮触”；《黄帝》篇的“海上沤鸟”，仿《吕氏春秋》的“好蜻”，如此者不可胜数。崔述亦谓其际孔子观于吕梁而遇丈夫厉河水，又称息驾于河梁而遇丈夫厉河水，则又本《庄子》寓言，误为两事而两载之。故《列子》为魏晋人伪造，可谓已铁案如山。

第十七章
我国学术史上的大空位时代

第十七章
我国学术史上的大空位时代

从春秋末世到西汉中世是“子学时代”，西汉中世以后，诸子之学日趋衰落，虽老庄思想复活于魏晋，而卓荦的“无君论”终不如“苟生的唯我论”之普遍而深入，且所谓“玄言”者流为清谈，仅为唇吻之资，亦未足以言学术。西汉中世，代子学而兴者为经学，终两汉之世，为“经学时代”。但一坏于刘歆新学之伪经而启今古之争，再坏于郑玄之混合今古而乱真伪之统，三坏于王肃之作伪书以攻郑学而更失群经之真。且西汉之末谶纬盛行，于是儒家所染方士的色彩愈益浓厚，东汉经生徒知以繁博见长，于是西汉今文之大义微言尽被湮没，六朝隋唐更由义疏衍为正义，注群经之注复以“疏不破注”为例，故饾饤琐屑，了无新意。经学衰落至此，亦不足以言学术，更无所谓思想了（参看《经与经学》），故自六朝经隋唐以迄五代，代经学而兴者实为文学，可以目之为“文学时代”。

我国先秦文学，春秋中世以前以《诗经》为代表，战国末世以楚辞为代表。《诗经》为北方黄河流域的文学，楚辞为南方长江流域的文学；《诗经》为篇幅较短、句式较简的诗歌，楚辞为篇幅较长、句式较繁的辞赋；《诗经》皆可合乐以歌，楚辞则有可歌唱、可合乐者，有只能吟诵、不可合乐者。到了西汉，可合乐以歌者衍为乐府，不歌而诵者衍为汉赋，这是东汉以前文学的大概情形。及建安、黄初之际，曹氏父子（操及植）所作的乐府诗，只是借乐府旧名，另写新意，别成新调，于是乐府逐渐脱离音乐而纯为文人抒写情意之作；起于民间歌谣之五言诗亦渐为文人所注意、所模仿，成为一种通行之诗式，复由五言衍为七言，而所谓五七言古诗者，遂为诗歌文学的中坚。六朝民歌，有五言、七言的抒情小诗，如《子夜歌》等；有长短句而数首同用一式的歌曲，如《休洗红》等。前者发展较速，梁、陈间已为文人所采用而形成绝句；后者发展较迟，虽陈、隋时亦颇为文人所模仿，而终为古诗、绝句所掩，则为伏流而成后来词的滥觞。唐为诗的黄金时代，律诗在初唐时亦已成熟，而绝句与古诗及所谓"乐府"者，亦并行发展。唐时合乐以歌者为绝句，绝句每句字数有定，合乐殊嫌板滞，乃杂以"泛声"，增减其字，变其句式，以期合于乐曲，于是久为伏流之长短句的民歌遂涌现于文坛，而成为中晚唐新兴的文学，而词兴焉。这是诗歌文学方面的成就（参阅《诗》与《词曲》）。

东汉子学既衰，专著遂少；文人既众，单篇乃多，于是别集兴焉。汉赋兼承屈、荀之言情效物，陆、贾之议论，而陈陈相因，乃多以堆砌见长。如班固、张衡之《两都》、《两京》，以迄左思之《三都》，所谓"怀椠握铅，十年乃就"者，几同字典、类书，在当时为难能，在今日为不可贵。"穷则变，变则通”，六朝之赋乃迥异两汉。姚鼐所谓“辞益俳，气益卑”者（见《古文辞类纂序》）以此，实则文章之渐趋格律化而成排偶，不仅辞赋为然，且此种趋势东汉时已渐见端倪了。六朝、隋唐时特别发达的骈文，便是由这种趋势造成的。及中唐，又渐渐发生反动，韩、柳出而“古文”的旗帜乃张。此种以“复古”为号召的反骈文的散文运动，在当时可以称为“文学革命”的运动。但古文派的声势，仍不足以完全压倒几百年来盛行于公私各方的骈文。唐末，李商隐辈拥护骈文者，变本加厉，于是有所谓“四六文”者出。其后降至宋代，虽号为古文盛行而公文仍用四六，骈文、古文终并峙为文章的两派（参看《骈文与散文》）。骈文之兴盛、古文之倡始，都是六朝至唐的文学史上的史实。这是散文方面的成就。汉以前的小说家言，固与后世的小说不同。唐以前的小说，搜神志怪之流、隽语笑谈之作，但成杂录以供谈助，亦不足以言文学。至唐人之传奇出，方有意作小说，其剪裁描写始有文学的技术，历史的、神怪的、恋爱的、武侠的传奇风发云涌，其盛实超韩、柳古文而上之。而韩，柳所作古文，如《圬者》、《种树》、《毛颖》诸传，古文家所谓托物假人，以游戏出之者，实亦受传奇之影响。盖至唐代，我国始有真正的小说及有价值的短篇小说（参看《小说与戏剧》）。这是小说方面的成就。

别集兴于东汉，继别集而兴之总集，始于西晋之杜预《善文》、挚虞《文章流别》，至梁而萧统之《昭明文选》出，遂为历代总集不祧之祖。总集既出，文体论亦应运而兴。前乎此者，如曹丕之《典论论文》、陆机之《文赋》，已渐注意于文章的体裁和技巧了。与《昭明文选》先后出世的刘勰《文心雕龙》，乃集文体论与修辞学之大成，而开文学批评之创局。刘知几的《史通》，虽以建立史学著，实兼评文史的专著。诗的方面，则前有钟嵘的《诗品》，评论作者；后有司空图的《诗品》，评论诗的风格。这又是文学批评方面的成就。

六朝隋唐，诗歌、散文、小说、文学批评的成就如此，说这时期是“文学时代”，当非虚誉。但反观学术思想方面，则衰落乃至可叹，在这时期，前人所共推为学者的，仅隋之王通、唐之韩愈而已。兹姑就此二人一检讨之。

王通，字仲淹，隋龙门人。幼笃学，文帝仁寿间尝四游长安，上《太平十二策》，不用。退居河汾之间教授，受业者很多，唐初勋臣如房玄龄、魏徵、杜淹、陈叔达等皆其弟子。仿《春秋》作《元经》；起汉魏至晋，作书续古《尚书》；其弟子录其言行，仿《论语》以成《中说》。据《文中子世家》，有所谓“王氏六经”者，今皆不传，惟存《中说》。炀帝大业中，以著作郎及国子博士征，皆不就。卒，私谥“文中子”。王氏的根本思想曰“执中”，其调和异派的意见曰“三教一致”（所谓“三教”，指儒、道、释。释谓来自国外的佛教；道本道家，其曰“道教”，盖张道陵以后之谬称；儒则根本非宗教），但仅标举题目，未有详细的说明。宋王应麟《困学纪闻》谓“《世说》清浮，《中说》闳实，天下治乱系之”，推崇可谓极至。《中说·王道》篇称，通至长安见李德林，援琴鼓《荡》；杜淹的《文中子世家》又称他问礼于关朗（朗有《关氏易传》）。据晁公武《郡斋读书志》及叶大庆的《考古质疑》考证，则通与李德林、关朗，年齿皆不相及。据黄式三考证，则房玄龄、杜淹（如晦之叔）、陈叔达皆年长于通，不得为其弟子。《旧唐书·王勃传》附载通事（王勃为通之孙），称其曾为蜀郡司户书佐，故章炳麟疑其至长安上书之事亦妄。通弟王绩妄以通比孔子，《与冯子华书》云："《汾亭》之操，盖孔子龟山之流也。"《游北山赋》云："白牛溪里，冈峦四峙；山似尼丘，水疑泗涘。"故所云问礼关朗，亦以比孔子的问礼老聃。章炳麟疑《中说》与《文中子世家》皆出王勃伪造，因勃时去通稍远，故老渐凋，故得妄述其祖之事援隋、唐群贵为其弟子。唐世学者好为夸肆，过自高贤，实皆承王勃之化（详见《检论·案唐》篇），则隋代唯一学者王通竟是毫无价值的了！

韩愈，字退之，唐南阳人。德宗贞元进士，历官至吏部侍郎。其间，曾以谏宫市贬山阳令，谏迎佛骨贬潮州刺史。卒，谥曰文。尝作《原道》，以儒家之传统者自居，其言曰："尧以是传之舜，舜以是传之禹，禹以是传之汤，汤以是传之文、武、周公，文、武、周公传之孔子，孔子传之孟轲。轲之死，不得其传焉。荀与扬也，择焉而不精，语焉而不详。"后来宋儒"道统"之说亦是如此。这篇文章就是"原"他所传的儒家之

“道”。开首便说：“博爱之谓仁，行而宜之之谓义，由是而之焉之谓道，足乎已无待于外之谓德。仁与义为定名，道与德为虚位，故道有君子小人而德有凶有吉。”又曰：“凡吾所谓道德云者，合仁与义言之也，天下之公言也。”末段又曰：“其文《诗》、《书》、《易》、《春秋》，其法礼乐、刑政，……其位君臣、父子、师友、宾主、昆弟、夫妇，……其为道易明而其为教易行也。是故以之为已则顺而祥，以之为人则爱而公，以之为心则和而平，以之为天下，无所处而不当。”全篇文章，切合“道”字的仅此十数句，可是仍没有说出“道”之“原”来。此外，则都是排斥佛老的议论，可是他没有就佛老的根本思想上指出他们的缺点来，加以合理的驳斥。如排斥老子，但云：“老子之小仁义，非毁之也，其所见看小也。……老子之所谓道德云者，去仁与义言之也，一人之私言也。”何以知“其所见者小”？何以知为“一人之私言”？都没有说明翔实的理由。又云：“今其言曰：‘圣人不死，大盗不止，剖斗折衡而民不争。’……如古之无圣人，人之类灭久矣。何也？无羽毛鳞介以居寒湿也，无爪牙以争食也。”可是老子所谓“圣人”并非指发明耕种、衣服、房屋、医药的人，而韩愈所谓圣人所作之礼乐、刑政、符玺、斗斛、权衡等，也并不是居寒湿与争食的工具。又云：“今其言曰：‘曷不为太古之无事？’是亦责冬之裘者曰‘曷不为葛之之易也’，责饥之食者曰‘曷不为饮之之易也’。”以冬夏、饥渴喻古今时异事异而需要不同，似较有理由，但尚未能折服道家因反对物质文明而欲反之太古淳朴的主张。其对于佛，更不能作中肯的排击。以君出令，臣行令，民出粟米、作器皿，通货以事其上等儒家的主张为根据，去驳佛老“弃君臣父子，禁相生相养，以求其清静寂灭”，决不能使他们心服。至于说“今也举夷狄之法而加之先王之教之上，几何其不胥为夷”，则其排斥佛教不过因它是“夷狄之法”，不是中国所固有的而已。所以他的排斥佛老，也多是些浮光掠影、隔靴搔痒的话。蔡元培《中国伦理学史》说：“韩愈，文人也，非学者也。”这批评可谓确当!

所以从三国到五代是“文学的时代”，也可以说是我国学术史上的大空位时代，不但不及先秦，亦且不及两汉。这时代中，我国固有的学术思想衰落至此、空虚至此，其蓬勃弥漫于国中者倒是外来的佛教思想。本书第一章曾说过，六朝隋唐的佛学当别为专书述之，但以其中禅宗一派和勃兴于北宋的理学有关，不得不先附述其梗概于此。佛教之流入我国，虽然在西汉武帝时已有端倪，但其正式的输入终在东汉明帝以后。魏晋之间已渐行于民间，其上乘教义恰有可与老庄玄言相印证者，故学者文人亦渐受其熏染。如东晋谢安、王羲之诸名流，皆与高僧支道林为方外交；慧远法师与慧永、慧持、道生等在庐山虎溪东林寺结白莲社，同修西方净业，名士刘遗民、周涣之等皆加入，社友共百二十三人，陶渊明亦与往还。帝王信佛者亦极多，译经及往印度留学求经等事亦代有所闻，历六朝至唐而更盛。于是流传于我国的佛教有许多宗派，曰俱舍宗（以世亲菩萨所作《俱舍论》为主）、成实宗（以诃梨跋摩所著之《成实论》为主）、律宗（为中土所特有，唐道宣律师弘《四分律》，遂开此宗，亦曰“南山宗”）、三论宗（以龙树的《中论》、《十二门论》及提婆之《百论》立宗故名，亦曰“法性宗”，简称“性宗”）、涅槃宗（以《涅槃经》）为主）、地论宗（以释《十地经》之《十地论》为主）、净土宗（以念佛往生阿弥陀佛净土为旨，所主《无量寿经》、《观无量寿经》、《阿弥陀经》，称“净土三经”）、天台宗（为天台智者大师所开，以《法华经》为主，故又名“法华宗”）、华严宗（以《华严经》为主，贤首国师法藏作经疏大弘此宗，故又名“贤首宗”）、法相宗（简称“相宗”，曰“法相宗”者，取名于《解深密经》之《法相品》；本宗有《唯识论》，故又名“唯识宗”；又名“瑜伽宗”，取名于《解深密经》之《分别瑜伽品》；唐玄奘始传入中国，玄奘住慈恩寺，故又名“慈恩宗”）、密宗（以修持秘密真言为主，故名）等，其影响宋明理学最大者则为禅宗。

禅宗又名“佛心宗”或“心宗”。相传释迦牟尼于灵山会上，尝拈花示众，惟摩诃迦叶破颜微笑，释迦牟尼曰：“吾有正法眼藏，涅槃妙心，今付于汝。”自迦叶二十八传而至达摩。达摩名菩提达摩，本天竺天香王第三子，皈依佛教后，于梁时泛海到广州，武帝迎至建业。后渡江至北魏，住嵩山少林寺，终日面壁，凡九年。其教不立文字，不落言诠，明心见性，直指本来。以法及衣相传，谓之传授“心印”。实则此宗由达摩开之，且只盛于中土。达摩传心印于慧可，由是而僧璨、而道信、而弘忍、而慧能，就是所谓“禅宗六祖”。其后分南、北二系，南主顿悟，北主渐修。唐开元中，神会大师讲禅学于滑台大云寺，力扬“顿宗”，故禅宗推之为七祖。而慧能之后，如南岳怀让又分沩仰、临济二派，青原行思又分曹洞、云门、法眼三派，到宋时临济之下又分杨岐、黄龙二支，真可谓盛极一时了。

我国古代虽有所谓天神、地祇、人鬼、物魅，所谓阴阳、五行、术数，但没有正式的宗教。《老子》言“天地不仁”，“其鬼不神”，则并古来认为有意识的主宰之天而否认之，因崇拜祖先而认为存在之鬼亦否认之。孔子虽重丧葬祭祀，而对于鬼神仍抱怀疑的态度。墨子法天明鬼，宗教的色彩最浓，但终不能认墨家为正式成立的宗教。秦汉方士之说盛，于是有所谓“仙人”；东汉佛教传入中国，于是有所谓“鬼神”；东汉末张道陵窃取方士及佛教的仙人、鬼神之说，把老子硬拖为教主，成立道教，于是有所谓“宗教”。这种仙人、鬼神的宗教思想，传播民间，志怪搜神的传说和小说乃蜂起于六朝。可是文人、学者间，对于鬼之有无、神之灭不灭，早已成为讨论的对象，如王充《论衡》中已有《论死》、《订鬼》之篇，范缜有《神灭论》，萧琛因之作《难神灭论》。此虽有影响于我国的思想，但尚无影响及于我国学术的本身。禅宗以“心性”为精修的对象，其不立文字、不落言诠之教，直示人以抛弃书本议论而求之内心的一条路。此时书蠹式的饾饤笺疏的经学、鹦鹉式的掉弄口舌的清谈、俳优式的雕琢章句的诗文，已渐为学者所厌。于是才智之士喜其先得我心，乐于接受此海外传入之新学说而探讨之了。语云："空穴来风。"六朝、隋唐、五代间，正是我国学术思想的大空位时代，所以禅学得乘间而入。学风之变，实基于此。如以上文所谓"因缘"释之，这便是宋代理学勃兴的"缘"。

第十八章

理学的种子与椎轮

经学盛于两汉，故《史记》、前后《汉书》均立《儒林传》；理学盛于两宋，故《宋史》于《儒林传》之外又特立《道学传》。经学所以又称“汉学”，理学所以又称“宋学”，也是因此。理学即“性理学”，因为它的研究对象是心性义理，故有此名。孔门后学本有传道、传经两派，理学诸儒以传道自命，认为孔、曾、思、孟道统之传至宋复续，故又有“道学”之名。总之，汉儒、宋儒虽皆宗孔子、崇经籍，但前者重在书本，重在章句训诂，是客观的，是偏于“道问学”的；后者重在心性，重在义理修养，是主观的，是偏于“尊德性”的。由经学一变而为理学，是由外而之内，由客观的记诵笺注之博而反之主观的存养省察之约。而学风之转变，则由外来的佛教之禅学予以重大的启示，虽谓理学为儒学与禅学结合后所诞生，亦无不可。此为无可讳言的事实，但在理学诸儒，除明末李贽辈外，无肯坦白地承认之者。

孔子专务人事，罕论天道，故子贡说：“夫子之言性与天道，不可得而闻。”天道既为孔子所罕言，故儒家的宇宙论不若道家之精详。张道陵以后之道教，虽以服饵导引、神仙丹药为主，但既拉扯老庄以为教主，而老庄之宇宙论又多虚无玄妙之言，适于援引之以为神仙家言之学理的论据，故道士中之杰出者每引申之以为先天、无极等说，宋代理学诸儒喜以宇宙论为人生哲学之根据，合天道与性而探讨之以成一系统，其宇宙论实多采道教之说。此亦无可讳言之事实，而为理学诸儒所断断争辩，不肯坦白承认者。

虽然，宋以前的儒家如本没有研究心性、综合天人的学说，则佛、道二教决不能予儒学以如此重大的影响；宋儒既采佛、道二教之说，亦将以前无所承，无可掩饰，无可依托。兹撮述宋以前论性、论天道诸说，以明理学之勃兴虽由上章所说诸“缘”有以促成之，而亦有其学术上的种子以为其“因”。

《大学》言心，《中庸》言性，孟子主性善，荀子主性恶，可见先秦的儒家已注意到“心性”了。《淮南子》云：“人生而静，天之性也；感而后动，性之害也；物至而神应，知之动也。”盖知与物接则爱憎生，爱憎生则有害于其性之本静了。又云：“率性而行谓之道，得其天性谓之德。”则又和《中庸》之说相近。“素之质白，染之以涅则黑；缣之性黄，染之以丹则赤；人之性无邪，久湛于俗则易。”“日月欲明，浮云盖之；河水欲清，沙石涉之；人性欲平，嗜欲害之。”似亦主性善之说，而以恶为由于外物之陷溺重染。但其所谓“善”者，为“无为”，盖以“清静恬愉为人之性”，能复其本静之性即为善，故又云：“所谓为善者，静而无为也；所谓为不善者，躁而多欲也。”其旨盖在“循性葆真，无变于已”，则又近于道家了。但他又说：“身正性善，发愤而成仁，帽凭而为义，性命可说，不待学问而合于道者，尧、舜、文王也；沉湎耽荒，不能教以道、不可喻以德，严父弗能正，贤师不能化者，丹朱、商均也。……夫上不及尧、舜，下不及商均，……此教训之所谕。”则又似孔子“性相近”、“上知下愚不移”之说，和他自己的主张矛盾了。《淮南》之书本成于众手，又兼采儒、道诸家之说，故有此病。

《淮南子》为杂家言，而立论以道家为宗，虽采儒说以论性，终参合道家之言。至于董仲舒，则为西汉正统派的儒家。其论性曰：“禾虽出米而禾未可以为米，性虽出善而性未可以为善，茧虽有丝而茧非丝，卵虽出雏而卵非雏，故性非善也。性者，禾也，卵也，茧也。卵待伏而后为善雏，茧待炼而后为善丝，性待教训而后能善。善者，教诲所使然也，非质朴之能至也。”其意盖谓性可以为善，有善的可能性，但不能说性即是善。又曰：“圣人之性不可以名性，斗筲之性亦不可以名性，性者，中民之性也。”圣人之性即“上智”，斗筲之性即“下愚”。仲舒此言，虽在说明他所谓“性”是中民之性，但既以孔子上智、下愚、中人之说为根据，则亦主性三品之说者。他所说的“性”，又合性与情而言，故曰：“天地之所生谓之性情，情与性一也。”“身之有性情也，犹天之有阴阳也。言人之性而无情，犹言天之阳而无阴也。仁、贪两者皆自性出，必不可以一名之也。”他以天之阴阳喻人之性情，是合性情而一之。又说仁贪皆自性出，则性可出善，又可出恶，近于扬雄“性善恶混”之说了。扬雄曰：“人之性也善恶混，修其善则为善人，修其恶则为恶人。气也者，所以适善恶之马也与？”故人不可不善驭其气。雄之言性，断制明白，似胜于刘安、董仲舒的夹杂，但语焉不详，且于性所本具的一种冲动力，足以发动性中善、恶二潜在力之“气”，亦未说明其性质，则其说亦未为圆满。

上述刘安、董仲舒、扬雄三人论性之说，足以代表西汉学者，东汉则当以王充为代表。充谓，孟子所指为善者，为中人以上之性，如孔子之生而好礼者是；荀子所指为恶者，为中人以下之性，如少而无推让之心者是；扬雄所谓“善恶混”者，为中人之性，颇亦近于性三品说。又谓人性之所以有善恶，则在所禀“元气”有厚薄，故有“俱禀元气，或为禽兽，或独为人，……非天禀施有左右也，人物受性有厚薄也”，“用气为性，性成命定。……命贵之人，才智自高”等话。但所谓性有善恶之恶，似仅指不能为善之消极的恶，至于积极的恶，则不但禀气较薄，并因所禀之气有毒的缘故。此毒以太阳的热气代表之，如烟火入眼而眼伤。受此热气之毒之最甚者，在虫为蜂，在草为豆豆，在鱼为鲀鲹，在人为小人。又尝谓禀气尤厚多者，恬淡无为，独肖元气，是谓至德之人，如老子是。则充论性，于中人以上之上又增一种“至德之人”，中人以下之下又增一种“小人”，有五等分别了。王充有《问孔》、《刺孟》之篇，且以老子为至德之人，在孔子之上则虽不名一家，实非儒家而以老子为归宿者。

韩愈是文人而非学者，上文已述及。其立说稍近于学理的研究者，为其《原性》。他说："性也者，与生俱生者也；情也者，接于物而生者也。"此论性与情的不同。又说："性之品有上、中、下三，上焉者，善焉而已矣；中焉者，可导而上下也；下焉者，恶焉而已矣。其所以为性者五，曰仁、曰礼、曰信、曰义、曰智。上焉者之于五也，主于一而行于四；中焉者之于五也，一不少有焉则少反焉，其于四也混；下焉者之于五也，反于一而悖于四。""情之品有上、中、下三，其所以为情者七，曰喜、曰怒、曰哀、曰惧、曰爱、曰恶、曰欲。上焉者之于七也，动而处其中；中焉者之于七也，有所甚，有所亡，然而求合其中者也；下焉者之于七也，亡与甚，直情而行者也。"这一段是建设他的性情三品说，是"立"的方面。又说："孟子之言性，曰人之性善；荀子之言性，曰人之性恶；扬子之言性，曰人之性善恶混。夫始善而进恶，与始恶而进善，与始也混而今也善恶，皆举其中而遗其上下者也，得其一而失其二者也。"这段是批评孟、荀、扬三人之性论，是"破"的方面。这篇文章，比《原道》高明得多。

韩愈的弟子李翱作《复性书》三篇，则谓性善情恶，当绝情而复性。他以为"清明之性鉴于天地，非自外来"，且"寂然不动，广大清明，照乎天地"，而"行止语默无不处于极，其动也中节”。又说：“诚者，圣人性之。”其义似本之《中庸》，故欧阳修曾说：“始读《复性书》，以为《中庸》之义疏而已。”他又论性情的关系说：“人之所以为圣人者，性也；人之所以惑其性者，情也。喜、怒、哀、惧、爱、恶、欲七者，皆情之为也。情既昏，性斯匿矣，非性之过也。”又说：“无性则情无所生矣，是情由性而生。情不自情，因性而情；性不自性，由情以明。”是以情为由性而生，性清而情昏，情足以惑其性，如烟由火生而足以使火光昏暗，故吾人当复其性。复性奈何？曰：“不虑不思，情则不生；情既不生，乃为正思。”又曰：“圣人者，人之先觉者也。觉则明，否则惑，惑则昏，故当觉。”则以不思不虑为正思，当去惑去昏以自觉，实袭取佛家去“无明”归“真如”之说了。他又说：“圣人岂无情哉？情有善不善。”盖以本体为性，性之发动为情。性者，超绝相对的动静而为至静，亦即超绝相对的善恶而为至善。及发动为情，则相对的动静、相对的善恶，故人当斋戒其心以复归于至静、至善之境，这就是“复性”了。李翱为韩愈弟子，而能扫除门面之谈，从儒、道二家及佛学中采集精义以成其性论，不可谓非一进步，且已开宋代理学诸儒的先河。

宋以前论性之说不止此，但即就所举数例言，则自战国以迄于唐，确为学者间所常探讨之一问题。伪古文《尚书》中有“人心惟危，道心惟微，惟精惟一，允执厥中”数语，伪古文盛行于晋以后，而此数句又可视为最古的论心性之精语，故宋儒每喜道之，以为心学之传、道统之要焉。

至于“天道”，则六经中惟《易》言之最详，如云：“天尊地卑，乾坤定矣；卑高以陈，贵贱位矣；动静有常，刚柔断矣。”(《系辞》) 是以人之尊卑贵贱、动静刚柔为本乎天。又云：“有天地然后有万物，有万物然后有男女，有男女然后有夫妇，有夫妇然后有父子，有父子然后有君臣，有君臣然后有上下，有上下然后礼义有所错。”(《序卦》) 则谓人类社会的伦理礼义皆出自天道之自然的秩序。如云：“一阴一阳之谓道，继之者善也，成之者性也。”(《系辞》) 则以善与性皆本于一阴一阳之道。所谓阴阳之道，盖以动力说明宇宙者。宇宙之本体为“太极”，太极动而生阳、静而生阴，即所谓“两仪”，复由两仪生四象，四象生八卦，假定八卦为宇宙间原始的物象，由此而变为六十四卦、分为三百八十四爻，由其变化，可以尽天下至赜的千变万象。此即《易》之由宇宙论演绎而为人生哲学、由天道而推之人事的说法。

《淮南子》以“道”代表宇宙，其说本于道家。董仲舒为纯正的儒家，而其论“天人之际”则直为天人契合之说。以为自父、祖、高、曾递推而上之，不能推本于天，故径以天为人类之父，不特为吾人理法之准则，且有血统的关系。尝曰：“天覆育万物，化生而养成之，察天之意，无穷之仁也。”又曰：“天生之以孝悌，无孝悌则失其所以生；地养之以衣食，无衣食则失其所以养；人成之以礼乐，无礼乐则失其所以成。”天、地、人之道是一贯的，天地为一大宇宙，人为一小宇宙，故自然界之变异无一不与人事相应。此亦合天道与人事而一之者。扬雄所谓“玄”。实即《淮南子》所谓“道”，用以代表宇宙本体，又本《易》象中现象变化之法则而推阐如各现象之动的公式。彼盖谓物之各部分与其全体有同一之性质，宇宙为玄，人类生宇宙之间，为宇宙之一部分，故为一小玄。玄之本体为虚静的，而其中含有均衡的、消长的二种动力，故静为其体、动为其用。此消长的二种动力，即是所谓“阴阳”。玄有阴阳二力，人为一小玄，故其性中亦含有善恶二分子。所以他的论性，是以他的宇宙论为根据的。

由上所举各例，则理学诸儒之以宇宙观为伦理说之根据，由天道而推及于心性义理，也是有所本的宋以前论性与天道的学说，可以说是理学的种子，是学术本身的“因”。“因”与“缘”凑合，而理学于是勃兴。

宋代的理学，以周敦颐为开祖，其兴起在北宋中世，而《宋儒学案》卷端所载安定、泰山二人则为理学诸儒之椎轮。全祖望《宋儒学案叙录》云：“宋世学术之盛，安定、泰山二先生为之先河，程、朱二先生皆以为然。安定沉潜，泰山高明；安定笃实，泰山刚健，各得其性禀之所近，要其力肩斯道之传则一也。”又云：“泰山与安定同学十年，而所造各有不同：安定，冬日之日也；泰山，夏日之日也。”二人的个性气象，即此可见。

胡瑗，字翼之，学者称“安定先生”（因为安定是他的祖籍），泰州如皋人。游学泰山，与孙复同学，攻苦十年。后教授苏州湖州，尝立“经义”、“治事”二斋，“经义”在讲明六经，“治事”如治民、讲武、水利、明算，人各专习一事而兼摄一事。仁宗时官至太子中允，专管太学，以太常博士致仕。卒，谥文昭。著有《易传》、《中庸义》等书。在太学时，尝以“颜子所好何学”为题试诸生，得程颐卷，大器之。颐尝语人曰：“从安定先生学者，其醇厚和易之气，一望可知。”可见他的教人，确有变化学生气质的力量，故黄震说：“先生明体用之学。师道之立，自先生始。”其说《中庸》有云：“情有正与不正，若欲亦有正与不正，德有凶有吉，道有君子有小人也。……凡言情为不正者，非也；言圣人无情者，亦非也，圣人岂若土木哉？”谓情欲亦有正者，圣人非无情者，确有见地。

孙复，字明复，学者称“富春先生”，晋州平阳人。尝居泰山教授，与胡安定为同学。曾官国子监直讲，稍迁殿中丞。著有《春秋尊王发微》、《睢阳子集》等书。居泰山时，年已五十，形容憔悴，须发皓白。前相李迪守兖州，竟妻以女，当时传为佳话。

胡安定的高弟为徐积，孙明复的高弟为石介，全祖望谓“徐仲车宛有安定风格；石守道振顽懦，有岩岩气象”，又谓“安定似较泰山为更醇”。与胡、孙二人同时而稍后者，有范仲淹、欧阳修、司马光，《宋儒学案》亦为之立“高平”、“庐陵”、“涑水”三学案。全祖望《叙录》谓“晦翁推原学术，安定，泰山而外，高平、范公亦其一。高平一生纯粹无疵，而导横渠以入圣人之室，尤为有功”，又谓“人言欧阳公因文见道，见道之文亦非圣人之徒不能为”。又引小程子言，谓司马公之学不杂，故朱子有“六先生”之目而辟草庐，谓“涑水尚在不著不察之间”为妄。但此三人之学终为其政治的事业所掩，故述宋代理学诸儒，要当以安定、泰山为其椎轮。

第十九章

北宋理学

第十九章
北宋理学

理学的开祖当推周敦颐。他原名敦实，避英宗旧讳（原名实，后改名曙），改字茂叔，道州营道人。少孤，依外家郑氏。尝为南安军司理参军，转运使王逵断狱失人，以去就力争，曰："杀人以媚人，吾不为也。"逵悟。通判虔州，为赵抃所知，历官至广东转运判官，提点本路刑狱。后以疾乞知南康军，因家于庐山莲花峰下，筑堂于溪上，以营道故乡之濂溪名其堂，故学者称"濂溪先生"，后追谥元公。所著以《通书》及《太极图说》为最著。《太极图说》，后儒有尊之者，有疑之者；《通书》则后儒皆认为纯粹无疵，是周濂溪传道之作。黄百家（宗羲子，所引为《宋儒学案》中案语）曰："孔、孟而后，汉儒止有传经之学，性道微言之绝久矣。元公崛起，二程嗣之，又复横渠诸大儒辈出，圣学大昌。故安定、徂徕卓乎有儒者之矩范，然仅可谓有开之必先；若论阐发心性义理之精微，端数元公之破暗也。"故曰理学的开祖当推周敦颐。

《通书》首二章便直提一"诚"字。第一章以诚为圣人之本，纯粹至善，而又引《易》以说之。曰"大哉乾元，万物资始"，这是诚之源；"乾道变化，各正性命"，这是诚之所由立；

“一阴一阳之谓道，继之者善也，成之者性也”，以“元亨”为诚之通、“利贞”为诚之复；而结以“大哉《易》也，性命之源乎”，盖谓诚为“乾”，乾为天道，诚亦天道。次章则云：“圣，诚而已矣。诚，五常之本，百行之原也。静无而动有，至正而明达也。”又谓：“诚则无事矣。”盖首章就天言，次章就人言。薛瑄尝云：“《通书》一‘诚’字括尽。”故此二章为全篇的总纲。三、四二章又提出“几”、“神”二字，第二章云：“诚无为，几善恶。”第三章云：“寂然不动者，神也；感而遂通者，神也；动而未形有无之间者，几也。诚精，故明；神应，故妙；几微，故幽。诚、神、几，曰圣人。”“几”即《易》“知几其神乎”之“几”，所谓“几者动之微”。“几善恶”者，谓善恶之萌即在乎几，须即此几而辨其善恶，所谓“知善知恶”的“良知”，其用即在乎此（仁义之不出于中正者，亦即是几之恶，非指与仁义相反的“忍”和“乖”）。寂然不动的诚，是未发之中；感而遂通的神，则为发皆中节的和；动而未形有无之间的几，则界乎动静、有无之间。但此三者只是一体，不能截做三橛。“几动于此，诚动于彼”，所以能“感而无不通”者，则在乎思，故曰：“思者，圣功之本而吉凶之几。”又引《易》“君子见几而作”、“知几其神”以证之。“动而正曰道，用而和曰德”，故又曰：“君子慎动。”所谓“道’者，既在“动而正”，故曰：“圣人之道，仁义中正而已矣。”性有刚柔，刚柔各有善恶，所谓善恶实即过与不及，不得其中正者，故曰：“惟中也者，和也，中节也，天下之达道也，圣人之事也。”于是推而至于师道，至于修养方面之闻过、知耻、志学，是为成己；更推而至于治世之顺化、君心、礼乐，则为成物。又自务实，勿务名结成己，勉善并改过结成物，而平心宣化、易俗移风，其功在乐。于是又论到学圣之工，归之无欲，而继之以“刚善刚恶，柔亦如之，中焉止矣”，则所以静虚动直、明通公溥的无欲之一，实即“中”而已。颜子所以能贫而乐，以其能见其大而忘其小，故为亚圣。盖天地间至尊者道、至贵者德，所谓“大”者即此。而所以求有此至尊、至贵之道德，则须有师友，次则须如子路之喜闻过而有以反之。至于文辞，则所以载道，不知务道德而第以文辞为能，艺而已矣。末又谓微颜子无以见圣人之蕴，非《易》无以发圣人之蕴。《易》之旨莫大于“乾乾不息于诚”及“吉凶悔吝生乎动”，此即上文“诚”及“慎动”之意。自心身推之齐家治天下，无非是诚。明乎道，则富贵文辞皆不足措意。“至诚则动，动则变，变则化”，圣人以政刑养肃万民，道在法天。天地之道是“至公”，圣人之道也是“至公”，孔子之作《春秋》，明大法，教化无穷，也无非“至公”。又举《蒙》卦之养正、《艮》卦之终始成物以终篇者，盖有以师道自任之意。《通书》的大旨如此。

《太极图说》则是他的宇宙论，并演绎之以为伦理说。他以“无极”为宇宙的根源，故曰“无极而太极”。“太极动而生阳，静而生阴”，是为两仪。“动极而静，静极而动”，循环不息。“阴变阳合而生水、火、木、金、土”，是为五行。于是“乾道成男，坤道成女，二气交感，化生万物”，生生不已，变化无穷。他的宇宙论，仍以五行、阴阳、太极为说而推之于无极。五行之说，见于《洪范》；阴阳、太极之说，本于《周易》，他不过综合变化之以成他自己的宇宙论而已。人为万物中之最灵者，圣人又为人之最灵者。人有五性感动而善恶分、万事出，“圣人定之以中正仁义而主静，立人极焉”，则由宇宙论而成伦理说了。朱子极推崇《太极图说》，陆象山兄弟则以其与《通书》不类，且太极之上又加无极，疑不出于周子，或者是他学未成时所作，或者是他传别人之文，作《通书》时已自知其非。朱、陆二子辩论这个问题，书信往复至十余次，朱子鹤说周子得之于穆修，修得之于陈抟（陈抟是宋初有名的道士），也有说他是得之鹤州僧寿涯的。在现代看来，所谓无极、太极、阴阳、五行之说，终在可解不可解之间，故《太极图说》的价值似尚不及《通书》。

继周子之后而光大理学的，是程颢、程颐兄弟，世称“大程子”、“小程子”。程氏世居中山，后徙河南，故二程为河南人。颢，幼名延寿，字伯淳，以进士历官上元主簿、晋城令，皆有治绩。嗣迁太子中允、监察御史里行，每召见，务以诚意感动神宗。王安石虽与之议论不合，亦尝愧服。后出知扶沟县，贬汝州监酒税。卒，文彦博采众议，题其墓曰“明道先生”，追谥纯公。

小程子颢，字正叔，年十八游太学时，已为胡安定所特契。哲宗时，以处士官祟政殿说书，颇多匡正，而议论褒贬无所避忌。时苏轼在翰林，程、苏门下士各相标榜，遂分洛、蜀二党。谏议大夫孔文仲奏劾小程，至目为“五鬼之魁”，乃出管西京国子监。屡乞致仕，董敦逸又劾其以去官怨望，遂削籍窜涪州。徽宗初复其官，范致虚劾其以邪说诐行惑众，尹淳等为其党羽，复下河南府究治，尽逐学徒。卒后，追谥正公，学者称“伊川先生”。兄弟二人的著作，合辑为《二程全书》。

大程子的学说散见于文集、语录中，而以《识仁篇》与《定性书》为最著。《识仁篇》云：“学者须先识仁。仁者浑然与物同体，义、礼、智、信皆仁也。”以仁为四德之中心，盖取孔子之说。又云：“识得此理，以诚敬存之而已，不须防检，不须穷索。若心懈则有防，心苟不懈，何防之有？理有未得，故须穷索，存久自明，安待穷索？”因为良知良能原不丧失，徒以习心未除，却须存习此心，久则可夺旧习。所以“以诚敬存之”，即是孟子所谓“必有事焉而勿正”；不须防检、穷索，即是孟子所谓“勿助长”。又云：“此道与物无对，大不足以名之，天地之用皆我之用。”又引孟子言：“万物皆备于我矣，反身而诚，乐莫大焉。”理会得“与物无对”之道，则天地之用皆我之用，即所谓“万物皆备于我”。但若反身未诚，则己与彼犹是二物相对，而不是浑然与物同体了。《定性书》为答张横渠问而作。横渠以“定性未能不动，犹累于外物”为虑，故大程子答之云："所谓定者，动亦定，静亦定，无将迎，无内外。"因为反本无内外，以性为有内外，便不能定。"苟规规于外诱之除，将见灭于东而生于西也，非惟日之不足，顾其端无穷，不可得而除也。"故"与其非外而是内，不若内外之两忘"，能两忘则澄然无事，无事则定，定则明，明则不至以应物为累了。他又分四层说明，以为"天地之常，以其心普万物而无心；圣人之常，以其情顺万物而无情"，"君子之学，莫若廓然而大公，物来而顺应"，"众人之情有所蔽，故不能适道，大率患在于自私而用智"。圣人非无情，只是当喜而喜、当怒而怒，纯然为天地之心。众人之喜怒所以不同圣人、君子者，但在自私与用智。自私，故不能普物以为心，不能顾万物而无情，不能廓然大公；用智，故凿，为外物所牵而不能顺应了。又说："人之情易发而难制者，惟怒为甚。第能于怒时遽忘其怒而观理之是非，亦可见外诱之不足恶。"就这两篇文章，已可见其论学之旨。《语录》有云："医书言手足痿痹为不仁，此言最善名状。"因为仁是浑然与物同体，以今语释之，即是吾人本于同类意识之同情心。如同类意识由迟钝而麻木，或竟至澌灭，不但不能推己以度人而"己所不欲，勿施诸人"，甚且只知有已而不知有人，或且损人以图利己，那便是不仁了。手足麻痹则虽本属一体的手足之痛痒也不相关，所以也叫做不仁。"若夫至仁者，则天地为一身"，与天地为一体，则同类意识与同情心发展至极了。诸如此类，可与《识仁篇》参看。但又云："万物皆备于我，不独人耳，物皆然，……只是物不能推，人能推之。虽能推之，几时添得一分；不能推之，几时减得一分。”则与赵州和尚所谓“狗子亦有佛性”的话相类了。《易》言“天地之大德曰生”，生生即是仁，所谓“普万物以为心”者，故仁即是天理。故曰：“此理，天命也，顺而循之则道也；循此而修之，各得其分则教也。”此本《中庸》。他又说：“吾学虽有所授受，天理二字却是自家体贴出来。”“存仁”者存此天理而已。存仁须诚敬，故大程常说及“敬”字，如“敬胜百邪”、“敬则无间断”、“某写字时甚敬，非是要字好，即此是敬”等。但所谓“敬”者，非“防检”，是“存养”，故又曰：“敬以直内，是涵养意。”“执事须是敬，又不可矜持太过。”以敬为防检的工夫而矜持太过，便流于“助长”了。此外，如云“性静者可以为学”。“知止则自定，万物挠不动，非是别将个定来助知止也”，则可与《定性书》参阅。叶水心评此书，说它“皆佛老语”，程、张攻斥佛老，尽用其学而不知，以《易大传》误之，而又自于《易》误解云。

小程子的学说则与大程子不同。例如论性，大程子说：“生之谓性，性即气，气即性，生之谓也。”“天下之善恶皆天理。谓之恶者，本非恶，但或过或不及便如此，如杨、墨之类。”“人生气禀以上，于理不能无善恶，虽然，性中原非两物相对而生。”为“性一元论”。小程子说：“性出于天，才出于气；气清则才清，气浊则才浊。才有不善，性则无不善。”“性无不善，而不有不善者，才也。性即是理，理则自尧、舜至于途人一也。才禀于气，气有清浊，禀其清者为贤，禀其浊者为愚。”“论性不论气，不备；论气不论性，不明。”则为“理气二元论”。至于修养方面，大程子主忘内外，以为不须防检、不须穷索，小程子则主寡欲与穷理，故说“养心莫善于寡欲”，“进学则在致知”，“格，犹穷也；物，犹理也，犹曰穷其理而已矣。穷其理然后足以致知，不穷则不能致也。”“格物须是今日格一物，明日格一物，积习既多，然后晓然有贯通处。”又曾列举穷理三法：一曰读书，讲明义理；二曰论古今人事，别其是非；三曰应事物而处其当。他又分“智”为二种，重“德性之智’而排斥“闻见之智”。“寡欲”已有“防检”的意思，“穷理”已有“穷索”的意思。所以大程之学，上与濂溪周子相近，下为象山陆子所承；小程之学，则朱子承之。

二程不但学说有异，气象亦不同。《宋儒学案》大程传中有云：“先生资禀过人而充养有道，和粹之气盎于面背。门人交友从之数十年，未尝见其忿厉之容。”小程传中有云：“先生容貌庄严，虽上前亦不少假借。”附录云：“明道犹有谑语，伊川直是谨严，坐间无问尊卑长幼莫不肃然。”附录又记二程少时，在汉州宿一僧寺。入门后，明道从右入，伊川从左入，从者皆随明道。可见一和易、一严肃的气象，少时便不同了。二程父珦为周濂溪友，尝使二子往从学。吕希哲以为伊洛所得不由濂溪，朱子则以濂溪为二子所从出。大程尝说：“自再见周茂叔后，吟风弄月以归，有‘吾与点也’之意。”又自述见猎心喜的故事。二程之学固不尽由周子，自有所光大，而大程则似有得于周子。小程以严毅接学者，尝瞑目静坐，弟子杨时侍立不敢去。久之，乃命就舍。二子出，则门外雪深尺余了。大程接人浑是一团和气，所以朱公掞在汝州见大程归，语人曰：“在春风中坐了一月。”游酢从大程处归，也对杨时说：“某在春风和气中坐三月而来。”大程与门人议论，有不合处则曰“更有商量”，小程则直曰“不然”。大程尝曰：“异日使人尊严师道者，吾弟也；若接引后学，随人才而成就之，则予不得让焉。”（并见《宋元学案》）可见他们教学生的态度也各不同。二程弟子以谢良佐与杨时为最。良佐，字显道，寿春上蔡人，学者称“上蔡先生”。杨时，字中立，南剑将乐人，学者称“龟山先生”。全祖望云：“谢、杨二公，谢得气刚，杨得气柔。故谢之言多踔厉风发，杨之言多优柔平缓，朱子已言之。”以气象言，杨似大程，谢似小程。故大程喜龟山，于其归，尝目送之曰：“吾道南矣。”小程则喜上蔡，尝指上蔡告朱公掞曰：“此人为切问近思之学。”以理学传授言，则谢传大程之学，一传而为张九成，再传而为陆九渊；龟山传小程之学，一传而为罗从彦，再传而为李侗，三传而为朱熹，开南宋理学的两大派。

与二程同时的，尚有张载。二程是张载的外兄弟之子，以亲戚的行辈论，还比他们大一辈。载字子厚，世居大梁，侨寓凤翔郿县之横渠镇，世因称“横渠先生”。少喜谈兵，年十八，谒范仲淹，范知其为远器，谓曰："儒者自有名教可乐，何事于兵？"乃授以《中庸》，张子自此始有志于学。仁宗嘉祐初至京师，讲《易》，从学者甚众。及与二程论学，即日辍讲，谓学者曰："今见二程子深明《易》道，吾不如也，可往师也。"后以进士官云岩令，治以敦本善俗为先。迁著作郎，签书渭州军事判官。尝被召对，与王安石不合，出按浙东刑狱，托疾归。后又召为同知太常礼院，又以不合告归，至临潼，病卒。其学以《易》为宗，以《中庸》为的，以礼为体，以孔、孟为极。常以"为天地立心，为生民立命，为往圣继绝学，为万世开太平"自任，著有《东铭》、《西铭》，《正蒙》等。《东铭》本曰"砭愚"，《西铭》本曰"订顽"，铭于其书室之两牖。小程子见之，曰："是起争端，不若曰'东铭'、'西铭'。"而《西铭》之旨意更纯粹广大，程子以为"极纯无杂，意极完备，乃仁之体，为秦汉以来学者所未到"。其辞曰：

乾称父，坤称母。予兹藐焉，乃浑然中处。故天地之塞，吾其体；天地之帅，吾其性。民，吾同胞；物，吾与也。大君者，吾父母宗子；其大臣，宗子之家相也。尊高年所以长其长，慈孤弱所以幼其幼，圣其合德，贤其秀也。凡天下疲癃残疾、茕独鳏寡，皆吾兄弟之颠连而无告者也。"于时保之"，子之翼也；"乐且不忧"，纯乎孝者也。违曰悖德，害仁曰贼，济恶者不才，其践形，惟肖者也。知化则善述其事，穷神则善继其志。不愧屋漏为无忝，存心养性为匪懈。恶旨酒，崇伯子之顾养；育英才，颍封人之锡类。不驰劳而底豫，舜其功也；无所逃而待烹，申生其恭也。体其受而全号者，参乎；勇于从而顺令者，伯奇也。富贵福泽，将厚吾之生也；贫贱休戚，庸玉汝于成也。存，吾顺事；没，吾宁也。

此铭直以天地万物与吾为一体，刘宗周以为“求仁之极则”，其论仁之旨正与周濂溪同。

《正蒙》以“太虚”为宇宙之本体，太虚本无形，本至静。太虚不能无气，气聚则为万物，散则复为太虚，其聚其散，为变化之客形；有识有知，为物交之客感。气之聚散于太虚，犹冰之凝释于水。太虚是谓“一本”，聚为万物是谓“万殊”，此即所谓“理一分殊”之说。又谓“由太虚有天之名，由气化有道之名，合虚与气有性之名，合性与知觉有心之名”，“心统性情而言”。盖以“心”为吾人精神的全体之统名，而“性”则指“心”的本体，又曰：“形而后有气质之性，能反之则天地之性存焉。故气质之性，君子不性焉。”其意以为天地之性如太虚，即所谓“理一”；气质之性则有如太虚之气之有阴阳、有清浊而有贤愚、善恶，即是所谓“分殊”。人能不为气质之性所累而合于天地之性，方是修为之极功，故有“变化气质”之说，如云：“为学之大益在自能变化气质，不尔则卒无所发明，不能见圣人之奥。”

周、张、二程为北宋理学的正统，其学说虽不无出入，大致仍相合，且有师友之谊。至于邵康节，则为理学之别派。邵雍，字尧夫，祖籍范阳，后一徙衡漳，再徙共城，三徙河南。常居苏门山之百源，刻苦自学者数年。李之才为共城令，授以《先天图》及八卦象数之学。《先天图》传自道士陈抟，抟受种放，放授穆修，修授李之才，则与周濂溪之《太极图》似同出一源。居洛时，富弼、司马光等为市园宅，自颜其居曰“安乐窝”，自号“安乐先生”。常乘一人挽之小车任意所适，遇人无贵贱贤愚均以诚接之，童孺皆以“吾家先生”称之。屡举遗逸，皆不出。一日，在天津桥上闻杜鹃声，预知不及二年有南人为相，天下从此多事，后王安石入相变法，其言果验。在洛，二程及张横渠皆与往还，及将卒，以墓志属大程子。后赐谥康节。所著有《先天图》、《皇极经世》、《伊川击壤集》等。大程子谓为“振古之豪杰”，其学为“内圣外王之道”。朱子亦甚推之，尝答人论邵子云：“他胸襟中这个学，能包括宇宙、始终古今。”

邵康节的宇宙论，似《易》及《太玄》以数为本，而其数则以四为其基数，兹列一简表以明之：

- 宇宙
  - 天——生于动
    - 动之始——生阳
      - 太阳——动之大者——日
      - 少阳——动之小者——星
    - 动之极——生阴
      - 太阴——静之大者——月
      - 少阴——静之小者——辰
    - （日、星、月、辰）天之四象
  - 地——生于静
    - 静之极——生刚
      - 太刚——刚之大者——火
      - 少刚——刚之小者——石
    - 静之始——生柔
      - 太柔——柔之大者——水
      - 少柔——柔之小者——土
    - （火、石、水、土）地之四体

他以四象、四体为先天，五行为后天；水、火、土、石为本体，金、木、水、火、土为致用，故以四象易五行。佛说以地、水、火、风为四大，邵子以四易五，怕是受了佛教的影响。他又说，天有寒、暑、昼、夜，感于事物之性、情、形、体；地有雨、风、露、雪，应于事物之走、飞、草、木；性、情、形、体与飞、走、草、木合而有万物之色、声、气，味，而人之目、耳、鼻、口能总摄万物之色、声、气、味，故人为万物之灵。这是万物化成之理，也是以四为基数。以共相言则人亦是物，以自相言则万物有人、有物；以共相言则圣人亦是人，以自相言则人有圣人、凡人之别，所谓物、人、凡、圣也仍是四类。由此而演绎之，故谓天有四府曰春、夏、秋、冬，而升降于阴阳之间；圣人亦有四府曰《易》、《书》、《诗》、《春秋》，而升降于礼乐之间。就六经中提出四经以配春、夏、秋、冬，也是以四为基数。他又说，意、言、象、数四者是《易》之“理”，仁、义、礼、智四者是《书》之“言”，性、情、形、体四者是《诗》之“根”，圣、贤、才、术四者是《春秋》之“事”，此四者谓之“心”、谓之“用”。《易》由皇、帝、王、伯，《书》应虞、夏、商、周，《诗》关文、武、周公，《春秋》系秦、晋、齐、楚，此四者谓之“体”、谓之“迹”。心、用、体、迹四者相合而为圣人，仍是以四为基数。他要用四的基数包括宇宙、万物、学问，当然不免于拘束，而且多牵强、多例外。把五行改成四象，把六经减为四经，这是牵强；而《诗》关文、武、周公，则竟自破其例了。

他的论学，以润身为本，以治人应物为馀事，而归本于“慎独”；其论性，以“月为日之影”喻“情为性之影”，与同时理学诸儒之说亦不甚相远。至于说“心为性，胆为情，性为神，情为鬼”，且以“神”为复归于性之状态之名，“道”与“一”皆强以名“神”者；又说“人之神则天地之神，人之自欺所以欺天地”，“任我则情，情则蔽，蔽则昏矣。因物则性，性则神，神则明矣”；又说“潜天潜地，不行而至，不为阴阳之所摄者，神也”。其所谓“神”字的含义究竟如何，颇难索解。汉儒本有所谓“天人之际”之学，故以灾异论人事者极多，而京房、焦延寿之《易》学特以灾异著，为《易》学的别派。宋儒本有关于太极、阴阳……的宇宙论，取道士之说者极多，而邵康节之学特以先天象数著，故亦为理学之别派。

第二十章

南宋理学

第二十章
南宋理学

北宋理学大儒，除邵康节为别派外，周、张、二程各开宗派，周濂溪开“濂派”，张横渠开“关派”，二程开“洛派”，加上南宋时开“闽派”之朱紫阳，是为开理学濂、洛、关、闽四派的两宋五子。朱子不但为闽学之宗，实集宋代理学之大成，且擅经学理学之长者，乡先辈夏震武先生说他是“孔子以来一人而已”。就孔子到清末儒家统一数千年的学术史家说，并不是阿其所好的过誉。

朱熹，字元晦，一字仲晦，号晦庵。原籍婺源，其父松为政和县尉，因侨寓建州。以进士历仕高、孝、光、宁四朝，官终宝文阁待制，虽屡以“伪学”被劾而讲习不辍。卒，追谥文。婺源在梁、陈时为新安郡，故署款多自称“新安某某”。居崇安时，榜其厅曰“紫阳书堂”，故世称“朱紫阳”（紫阳本山名，在今安徽歙县城南，朱松尝读书其上）。又尝建草堂于建阳之云谷，曰“晦庵”，而自称“云谷老人”。晚年，又筑室于建阳之考亭，曰“沧洲精舍”，自称“沧洲病叟”，又号“遁翁”。考亭是他讲学之地，所以称他的学派为“考亭学派”（《随园随笔》说，唐黄端公葬父于建阳之王枕山，名其亭曰“望考亭”；

又据《文公家谱》记邻人葬父求题其亭，朱子书“考亭”二字与之）。朱子之学出于李侗，由罗从彦而杨龟山，而上承小程子（其本师刘勉之也是龟山门人），旨在穷理以致其知，反躬以践其实，居敬以立其本，门人黄幹状其行曰：“其色庄，其言厉，其行饰而恭，其坐端而直。其闲居也，未明而起，深衣幅巾方履，拜家庙及先圣；退而坐书室，案必正，书籍器用必整；其饮食也，羹食行列有定位，匙箸举措有定所；倦而休也，瞑目端坐；休而起也，整步徐行；中夜而睡，寤则拥衾而坐，或至达旦。威仪容止之则，自少至老，祁寒盛暑，造次颠沛，未尝须臾离也。”从这段行状中，我们不难想象他的规律的生活。所著文集、语录而外，属于笺注者尤多。

朱子取小程子的“理气二元论”，而以“理”当周子的太极，故曰：“由其横于万物之深底而见时曰‘太极’，由其与气相对而见时曰‘理’。”又曰：“有此理便有此气，但理是本。”“理非别为一物而存在，存于气之中而已。”理虽存于气之中，非别为一物，但既与气相对，当然是二元而非一元了。他又分别理、气二者说：“理者，形而上之道，所以生万物之原理也；气者，形而下之器，率理而铸型之质料也。”这是他取张横渠之说为论性的根据。他又说：“万物统于一太极，而物物各具一太极。”所谓“各具一太极”者，即是各具一理，故曰：“物物虽各有理，而总只是一理。”又曰：“理虽无差别，而气有种种之别，有清爽者、有昏浊者。……此即万物之所以差别，然一一无不有太极。”又以宝珠在水中为喻，谓圣贤如宝珠在清水中，精光自然发现；愚不肖者如在浊水中，非澄去泥沙不见精光。这是取横渠“理一分殊”之说，以成其“理一气殊”说的。所以论性也本之横渠，说“本然之性”为纯理，无差别；“气质之性”，则固所禀之气之清浊而不能无偏。又谓气质之性虽是形体而有所偏，然无形质，则本然之性无所安置，如一勺之水非有物盛之不可。所以主张论气质之性当合理与气二者言之，则又承小程子的“理气二元论”了。横渠以“心”为性、情二者之统名，朱子亦取之，尝曰：“心，统性情者也。”“心之未动时，性也；心之已动时，情也。”又以水为喻，说“性犹水之静，情犹水之流，欲则似水之波澜。”波澜有好的，有不好的，故欲亦有善恶（如“我欲仁”，即是欲之好的）。性为理气二元的，故心亦有理气二方面，于是以发于理者为“道心”，发于气者为“人心”。故曰：“道心是义理上发出来底；人心是人身上发出来底，虽圣人不能无人心，如饥食渴饮之类；虽小人不能无道心，如恻隐之心是。”所以说圣人之教在以“道心”为一身之主宰，使“人心”从其命令，但人心又决不得灭却，亦不可灭却者。这是他论理气、心性的大要。

他以为，修养之道莫要于“养心”，养心之法莫要于“存夜气”，他说：“夜气静时即良心有光明之时。”存得夜气，当吾思念义理观察人伦时，夜气自然增长，则良心愈放其光明。“存夜气”之说，本之孟子。李侗曾说：“道理须是日中理会，夜里却去静坐思量。”其说本与存夜气有关，故朱子取之，而又释之曰：“静坐非如坐禅入定，断绝思虑，只收敛此心使毋走于烦思虑而已。”又曰：“此心湛然无事，自然专心。”“心有所用，则心有所主。……若悠悠荡荡，未有不入于邪僻者。”则又本小程子“主一为敬”之说。但其最重要者，尤在“穷理以致其知”。《大学》以“格物致知”为“诚意”、“正心”之本，朱子以为“格物致知”即是“穷理”。其《大学章句》以为《大学》之传十章，其第五章释格物致知之义，后已亡佚，乃补之曰：

> 所谓致知在格物者，言欲致吾之知，在即物而穷其理也。盖人心之灵莫不有知，而天下之物莫不有理，惟于理有未穷，故其知有不尽也。是以《大学》始教，必使学者即凡天下之物，莫不因其已知之理而益穷之，以求至乎其极。至于用力之久，而一旦豁然贯通焉，则众物之表里精粗无不到，而吾心之全体大用无不明矣。此谓物格，此谓知之至也。

小程子曾释“格物致知”说：“格，犹穷也；物，犹理也，犹曰穷其理而已矣。穷其理然后足以致知，不穷则不能致也。”朱子格物穷理以致其知之说，也是本之小程子的。朱子又说：“格物，格得其九通透，即一事未通透，不妨；一事只格得九分，一分不通透，最不可，须穷到十分处。”由此可见，他所谓即“凡天下之物而穷其理”者，不是要人穷天下之物之理，而是要人即凡天下之物之一而穷其理。一物一事，个别地因其已知之理而益穷之，以求其十分通透，用力既多，自然可以就许多个别的事物中发现出原理、原则来，就是所谓“豁然贯通”了。所以他的“穷理格物致知”是采取归纳法的，与小程子“今日格一物，明日格一物，积习既多，晓然有贯通处”正合。小程子已以“读书”、“论古”、“处事”为穷理三要项，读书列于第一项，论古也和读书有关。朱子则几全以读书为穷理，他曾说：“圣人道统之传，布在方策。圣经之旨不明，道统之传始晦。”又论读书之法曰：读书之法“在循序而渐进，熟读而精思。……字求其训，句索其旨，未得于前则不敢求其后，未通乎此则不敢志乎彼。”“先须熟读，使其言皆若出于吾之口；继以精思，使其意皆若出于吾之心，然后可以有得尔。”循序渐进，熟读精思，确是读书的要诀。他既重在读书，故尝遍释群经，如《易本义》、《易学启蒙》、《蓍卦考误》、《诗集传》、《大学章句》、《中庸章句》、《大学或问》、《中庸或问》、《论语集注》、《孟子集注》、《论孟集义》、《孟子要略》、《中庸辑略》、《孝经刊误》都是关于经部的著述，其关于史部、集部及当代学者的著述则有《通鉴纲目》、《宋名臣言行录》、《楚辞集注》及《辨证》、《韩文考异》、《伊洛渊源录》、《近思录》、《太极图解》、《通书解》、《西铭解》，《家礼》及《小学》则关于礼仪及洒扫应对者，又有文集、语录，著述之富，在理学诸儒中首屈一指。钱玄同师尝云："朱熹之学实与郑、孔注疏为近。"所以我说他不但集理学之大成，实兼擅经学、理学之长。

与朱子同时而与他学说不同的有陆象山，其学由张九成、谢上蔡而上承大程子与周濂溪。陆子名九渊，字子静，号存斋，金溪人。兄弟六人，长九思，字子强；次九叙，字子仪；三九皋，字子昭；四九韶，字子美；五九龄，字子寿（《宋史》九韶、九龄长幼互易，此依《象山年谱》），九渊最幼。九叙主药肆，长家政，九韶隐居，余皆成进士。九韶讲学梭山，九龄号复斋，亦以理学称，而终以九渊为最著。九渊曾官敕令所删定官，有恢复中原大志。又尝知荆门军，能以德化，民俗为变。卒，追谥文安。尝居贵溪之象山，自号象山翁，故学者称"象山先生"。少读古书至"宇宙"二字，解者曰："上下四方为宇，往来古今曰宙。"忽大省悟，曰："宇宙内事是己分内事，己分内事是宇宙内事。"又曰："宇宙便是吾心，吾心即是宇宙。"其学说唯心的宗旨，已植基于此。居象山时，从学者至数千人。或劝以注书，答曰："六经注我。"又曰："学苟知道，则六经皆我注脚。"他认为学问之道不在外而在内，不在古人之文字而在其精神。故以朱子《小学》之教人洒扫应对为逐末，格物致知以穷理为务外，为支离。尝与兄复斋会朱子于信州之鹅湖，复斋诗有"留情传注翻榛塞，着意精微转陆沉"二句，象山和云："易简工夫终久大，支离事业竟浮沉。"又问朱子云："尧、舜所读何书？"所以朱、陆之异，在乎一"道问学"，一"尊德性”，于“学”、“思”二者各有偏重。后又往晤朱子于白鹿洞，为从学者讲《论语》“君子喻于义，小人喻于利”一章，朱子亦甚佩之。及辨周子《太极图说》，则书函往复极多。总之，朱、陆二子友谊极笃，而于所见不同处，则辨之弗明弗措，虽不免有使意气的话，但决不至有甚嫌隙。后来学者宗朱者诋陆为“狂禅”，宗陆者诋朱为“俗学”，则是门户主奴之见了。

象山曾说：“心，一也，人安有二心？”“心，一理也，理亦一理也。……此心此理，不容有二。”“天理、人欲之分，语极有病。……《记》曰：‘人生而静，天之性也；感于物而动，性之欲也。’若是，则动亦是，静亦是，岂有天理、人欲之分？动若不是，则静亦不是，岂有动静之间？”又释人心、道心云：“自人而言，则曰惟危；自道而言，则曰惟微。”盖谓由人与道两方面观察之，不是说有“人心”、“道心”二心。可见他是主一元论的。他以孟子“不虑而知”的良知、“不学而能”的良能为“我固有之，非由外铄”，故有“心即理”之说。又说：“塞宇宙一理耳。”故“万物皆备于我”，只要明理，则悟得宇宙与心是一非二。这可以说是唯心的宇宙观。故曰：“义理之在人心，实天之所与而不可泯灭者也。”其所以有悖理违义者，则由“不思而蔽于物”，故以“思”为修养的第一事。所以说：“人当先理会所以为人，深思痛省。……若不知人之所以为人，而与之讲学，遗其大而言其细，便是‘放饭流歠而问无齿决’。若能知其大，虽轻，自然反轻归厚。”所以他以孟子“先立乎其大者”一句为教学要旨，语录中有云：“近有议吾者曰：‘除了先立乎其大一句无伎俩。’吾闻之曰：‘诚然。’”他恰和朱子相反，要理会得人之所以为人的原理、原则，然后可以引申到各方面去，是用的演绎法。实践方面，则揭出一“诚”字，尝引《中庸》“诚者非自成己而已也，所以成物也。成己，仁也；成物，知也，性之德也，合外内之道也”为说，并谓“古人皆明实理，做实事”，则又和周子《通书》之旨相合。

朱门以蔡元定、季通为冠冕。初见时，朱子即云：“此吾老友也，不当在弟子列。”韩侂胄禁“伪学”，被谪道州而卒。但其长于律吕、象数，实得之父发之家学。次则朱子婿黄幹直卿，全祖望称他“足以光其师传，为有体有用之儒”。朱子定《礼》，以丧、祭二编属之。陆门当推杨简敬仲，所著《己易》，尝云：“《易》者，己也，非他也。以《易》为书，不以《易》为己，不可也；以《易》为天地之变化，不以《易》为己之变化，不可也。天地者我之大地，变化者我之变化，非他物也。”可谓能发挥“宇宙即我”之旨。与朱、陆同时，常思有以调和其争辩者，为吕祖谦伯恭。全祖望《同谷先生书院记》曰：“宋乾淳以后，学派分而为三，朱学也、陆学也、吕学也。三家同时，皆不甚合。朱学以格物致知，陆学以明心，吕学则兼取其长而复以中原文献之统润色之。门庭径路虽别，要其归宿于圣人则一也。”其《宋元学案叙录》则云：“小东莱之学平心静气，不欲以口舌与诸公角，大约在陶铸同类以渐化其偏，宰相之量也。惜其早卒，晦翁遂日与人苦争，并诋及婺学，而《宋史》之陋遂抑之于《儒林》，然后世之君子终不以为然也。”“小东莱”指吕伯恭，伯恭家婺州，故目之为“婺学”。

与朱、陆同时而别标一帜者，为浙东“永嘉”、“永康”之学，以叶水心、陈龙川为其代表。永嘉学者，首推艮斋薛季宣士龙，其学以礼乐制度为主，期施之实用，故朱子之徒目之为“功利之学”。艮斋弟子陈傅良，字君举，号止斋，瑞安人，较艮斋更为平实。较止斋又稍晚者，有叶水心。水心名适，字正则，学者称“水心先生”，永嘉人。以进士历官至权工部侍郎，时南渡已有年，水心屡以大仇未复为言。及韩侂胄主战，水心言“当先为不可胜以待可胜”，复上劄子论备战当先节用减赋以宽民力，修边整兵而不急于用兵。及溃败时，一如所料，乃使安集两淮。初至建康，北兵压江，人心汹汹，卒用水心之策，渡江劫营，于石跋、定山一带结山水寨为游击，金兵卒以此去。时中枢以兵败急于求和，水心不肯附和，遂削职归。著有《水心文集》及《习学记言》等书。《习学记言》于六经皆有所评述，于古今学者，则自曾子而下皆不无微辞，北宋诸理学家尤甚。故全祖望说他“天资高放，言砭古人，多过情”。永嘉之学，论者以为是由薛艮斋而为程氏之别传，实际上是别树一帜的。

永嘉诸儒虽以经制言事功，尚道及心性、义理、修养诸端，故虽别树一帜，还可以把他们罗致在理学范围之中。至于永康陈同甫，则已非理学所能范围了。陈亮，字同甫，学者称“龙川先生”，永康人。才气超迈，议论风生。高宗时向金人乞和，和议成，举以为幸得苏息，同甫独以为不可，上《中兴五论》，不报。越十七年，孝宗嗣立，同甫更名陈同，又上书。孝宗为之动容，破格召见，待命十日，又上一书。欲官之，曰：“吾欲为国家开数百年之基，岂以博一官乎？”即渡江而归。落魄醉酒，好为大言。被诬下狱者三次，均得免。其论学，与当时诸大儒皆不合。尝与朱子论皇帝王霸之学，朱子虽不与，亦不能夺。同甫尝曰：“研穷义理之精微，辨析古今之同异，原心于秒忽，较理于分寸，以积累为功，以涵养为主。睟面盎背，则于诸儒诚有愧焉；至于堂堂之阵、正正之旗，风雨云雷交发而并至，龙蛇虎豹变见而出没，推倒一世之智勇，开拓万古之心胸，自谓差有一日之长。”光宗策试进士，同甫以君道师道对，擢第一，年已老，未及官而卒。同甫以国仇未复为大耻，屡次上书，皆主恢复，故及第谢恩诗有句云：“复仇自是平生志，勿谓儒臣鬓发苍。”同甫主“义利双行、王霸杂用”之论，故大为当时理学家所排。朱子也说他“才高气粗，文字不明莹，心地不清和”，“在利欲胶漆盘中”。在主和议的大臣们看来，自然目为“狂怪”。他死后，投降金人的方回还要深文锻炼，并诬以登第后因渔色而死于非命，则更不值识者一笑了！

那时候，中原沦陷，小朝廷局处临安，危如累卵。前有主和的秦桧，媚敌以求苟安；后有主战的韩侂胄，轻敌以图侥幸。

不但和战大策无定，不但和为乞降、战只速亡，而且当时的政治也腐败异常，根本谈不到什么抗战，什么建国。在这风雨飘摇的局势之下，理学诸儒还在空谈义理心性，危微精一，实在不切于时代的需要。则永嘉诸子之以经制言事功，可以说是理学因当时局势的需要。而蜕变至于陈龙川，严格言之，本不是理学家，不能以理学的轨范为批评他的绳墨，但理学之因不切于时代需要而渐致中衰，则可于此见之。

南宋之末，朱、陆两派之后学愈失其真，其流弊亦愈甚，而朱学以文天祥、陆学以谢枋得为殿军，可谓有光于理学。文文山为欧阳守道弟子，守道为刘月涧之门人，其渊源出于朱子。谢叠山为徐霖弟子，霖为汤巾之门人，巾与兄千、其弟中有“三汤子”之目。大汤、小汤皆宗朱学，巾则独主陆学。理学旨在修养道德，当以气节为第一义。宋末遭异族侵略，祸至亡国，苟无文山、叠山等以忠义留正气于人间，则两宋理学真如韩侂胄辈所讥，是“伪道学”了！

元代号称理学家者亦不乏其人，如赵复、姚枢、许衡、吴澄等。姚枢以汉人从元师南侵，屠德安，得赵复，挟至燕京，建太极书院，立周子祠，使复讲学其中。而黄百家乃谓“北方久为异域，声教不通，自赵江汉（即复）以南冠之囚，吾道入北，程，朱之学始广其传”。许衡仕元，官至集贤学士，而曰“纲常不可亡于天下”，乱离之中毅然以为己任。吴澄在宋亡时年已二十五，且已中乡试，后仕元至国子司业，而曰“近古道统，周子其元，程、张其亨，朱子其利”，而隐然自居为“今日之贞”。这些末流理学家所讲的“义理”在哪里？所谓“纲常”、所谓“贞”是什么呢？所以元代诸儒无足以当理学家者。元代著名的，是文学的曲和白话小说，至于经学、理学，都只能拾宋人的牙慧，鹦鹉般地搬弄嘴舌而已！

第二十一章

明代理学

第二十一章
明代理学

理学衰于元而复兴于明。朱子所注的《四书》，虽然科举的八股文用以出题，著为令甲，朱子也被崇奉得和孔子差不多，可是复兴于明代的理学却不是朱学而是陆学。因为理学复兴在明之中世，复兴理学的是王阳明，他是继承陆学而发挥光大之的。

理学之衰于元，由于宋末元初的所谓理学家，学既末流，复腆不知耻，节义荡然。理学之所以能兴于明，我认为方孝孺辈的节烈实有以启之。固然，成祖是建文的叔父，靖难之役既不是以异族入主中国，也不是易姓改代，他们为建文一人殉节，似乎只是狭义的忠君，不足以言爱国。尤其方孝孺的祸及十族，未免过激过惨。可是他们以一死成就一个“是”，使人们知道节义与理学并不是两件事，则足以挽颓风而砺末俗！

曹端月川、薛暄敬轩、吴兴弼康节，都是明代中世以前著名的理学家。但开阳明之先声的，毕竟要推陈献章。献章，字公甫，别号石斋，新会县白沙里人，世称“白沙先生”。会试中乙榜。尝从吴康斋学，筑阳春台，静坐其中。后游太学，祭酒邢让以“和杨龟山《此日不再得》诗”为题试诸生，得白沙作，以为“即龟山亦不如”，扬言于朝，说是“真儒复出”，从此知名。后受翰林院检讨职而归。黄宗羲《明儒学案》有云：“先生之学，以虚为基本，以静为门户，以四方上下、往古来今穿纽凑合为匡郭，以日用常行分殊为功用，以勿忘勿助之间的体认之则，以未尝致力而应用不遗为实得。远之则为曾点，近之则为尧夫。”又云：“作圣之功，至白沙而始明，至文成而始大。”又云：“两先生之学最为相近。”白沙有言：“君子终日乾乾，只是收拾此理而已。此理干涉至大，无内外、无终始，无一处不到，无一息不运。会此，则天地我立，万物我出，而宇宙在我矣。”可见他的学说是上承象山、下启阳明的。

王阳明，名守仁，幼名云，字伯安，余姚人。少豪迈，十五岁即远游塞外，经月始返。过广信，见吴康斋的弟子娄一斋（名谅，字克贞），慨然以为“圣人可学而至”。嗣以进士官兵部主事，忤逆阉刘瑾，下诏狱，受廷杖，谪贵州龙场驿丞，瑾诛始起复。寻以左佥都御史巡抚赣南，平诸寇。宸濠反，围安庆，阳明举兵下南昌，破其巢穴。宸濠归救，擒之，以功封新建伯。后又平思田，破断藤峡。凯旋至南安，病卒，谥“文成”。著有《王文成全书》，《传习录》为弟子所记的语录。

朱子以“即物穷理”为“格物致知”，阳明则训“格”为“正”，即“格君心之非”之“格”。朱子之“致知”，是即物以求知，是求之于外的，是就事事物物而穷其理，是由个别的事物归纳而得贯通，是由“多学而识”以求“一以贯之”的道；

阳明之“致知”，是“致吾心之良知”，是求之于内的，是由吾心之理演绎之以通于个别的事物，是“一以贯之”而非“多学而识”。所以他的学说，以“心即理”及“致良知”为要旨。“心即理”本是陆象山的主张，阳明又发挥光大之，尝曰：“理，一而已。以其理之凝聚而盲之谓之性，以其凝聚之主宰言之谓之心，以其主宰之发动言之谓之意，以其发动之明觉言之谓之知，以其明觉之感动言之谓之物。故就物而言之谓之格，就知而言之谓之致，就意而言之谓之诚，就心而言之谓之正。正者，正此心也；诚者，诚此心也；致者，致此心也；格者，格此心也，皆所谓‘穷理以尽性’也。天下无性外之理，无性外之物。学之不明，皆由世之儒者认心为外、认物为外而不知义内之说也。”其论良知之言曰：“天命之性，纯粹至善，其灵明不昧者，皆其至善之发见，乃明德之本体而所谓良知者也。”又曰：“未发之中即良知也，无前后内外而浑然一体者也。”“虽妄念之发而良知未尝不在，虽昏塞之极而良知未尝不明。”又进而论致良知曰：“今欲别善恶以诚其意，惟在致其良知之所知焉尔。何则？意念之所发，吾心之良知既知其为善矣，使其不能诚有以好之而复背而去之，则是以善为恶而自昧其知善之良知矣。意念之所发，吾心之良知既知其为不善矣，使其不能诚有以恶之而复蹈而为之，则是以恶为善而自昧其知恶之良知矣。则虽曰知之，犹不知也，其意可得而诚乎？今于良知之所知为善恶者，无不诚好之而诚恶之，则自不欺其良知而意可诚矣。”所以他的“致良知”，实与“诚意”一贯。又曰：“于其良知所知之善者，即其意之所在之物而实为之，无有乎不尽；于其良知所知之恶者，即其意之所在之物而实去，无谓乎不尽，然后无物不格而吾良知之所知者，无有亏缺障蔽而得以至其极矣。”是他的“致良知”和“格物”也是一贯的了。于是乃有“知行合一”的主张，他说：“知是行之始，行是知之成。”又曰：“知之真切笃实处便是行，行之明觉精密处便是知。若行不能明觉精密便是冥行，便是‘学而不思则罔’；若知不能真切笃宽便是妄想，便是‘思而不学则殆’。”又曰：“《大学》言‘如好好色’。见好色，厉知；好好色，厉行。见色时节是好，非见而后立志去好也。今人却谓必先知而后行，且讲习讨论以求知，俟知得其时去行，故遂终身不行，亦遂终身不行。”阳明“即知即行”之教，大可以纠正世人“知而不行”、只说不做的劣性。不过我们得注意，他所谓“知”是指德性之知，和平常所谓知识不同；他所谓“理”是指义理之理，和科学上的原则、原理不同。一般的知识，科学的原理，是不能应用“心即理”、“致良知”之说的。他所谓“行”，包括《大学》所谓“意”，是就动机而言，所以“即知即行”，没有什么先后。朱子主“循序渐进”，故必先求圣贤之旨于遗经，必自洒扫应对做起，这原是“行远自迩，登高自卑”，由“下学”而“上达”；但其流弊，易使人迟疑观望，偏于书本上求知、遍于琐节上检点而不敢勇于进取，担当大事。所以阳明之学，对于朱学末流确有扶弊救偏之效。

《明儒学案》说阳明之为学，前后各有三变。其言曰：“先生之学，殆泛滥于词章。继而遍读考亭之书，循序格物，顾物理、吾心终判为二，无由得入，于是出入于佛老者久之。及至居夷处困，动心忍性，因念‘圣人处此，更有何道’，忽悟‘格物致知’之旨，圣人之道吾性自足，不待外求。其学凡三变而始得其门。”这是他入门以前的三变。又曰：“自此之后，尽去枝叶，一意本原，以默坐澄心为学，知有未发之中，始能有发而中节之和，视听言动大率以收敛为主，发散是不得已。江右以后，专提‘致良知’三字，默不假坐，心不待澄，不习不虑，出之自有天则。盖良知即是未发之中，此知之前更无未发；良知即是中节之和，此知之后更无已发。此知自能收敛，不须更主于收敛；此知自能发散，不须更期于发散。收敛者，感之体，静而动也；发散者，寂之用，动而静也。知之真切笃实处即是行，行之明觉真切处即是知，无有二也。居越以后，所操益熟，所得益化，时时知是知非，时时无是无非，开口即得本心，更无假借凑泊，如赤日当空而万象毕照。是学成之后，又有此三变也。”这是他入门以后的三变。

阳明主即知即行，故与闭户静坐、空谈心性的理学家们不同。自孔子以来，儒者从没有建立伟大事功的，阳明能以事功在历史上占一显著的地位，在儒家确是空前的。他的学问既出类拔萃，事功又如此煊赫，所以门下盛极一时。但是希声附势的，当然也很多。弟子之中，最著名的为王畿、王艮。王畿，字汝中，号龙溪，山阴人。进士，官至武选郎中。辞归，讲学四十年，自两都及吴、楚、闽、粤、赣、浙皆有讲舍，年八十，犹周流不倦。初，阳明讲学，有所谓“四句教”，曰：“无善无恶心之体，有善有恶意之动，知善知恶是良知，为善去恶是格物。”龙溪以为“体用显微只是一机，心意知物只是一事”，故谓“心是无善无恶之心，意是无善无恶之意，知是无善无恶之知，物是无善无恶之物”，叫做“四无论”。阳明以圣人之学为“心学”，龙溪则更近于禅学了。龙溪的后学，力量无过于龙溪者，故无甚特出的人物。

王艮，字汝止，号心斋，泰州人。少贫，刻苦自学。有黄文刚者，吉安人，寓泰州，与心斋语，诧为“绝类王巡抚之讲学”。时阳明方以巡抚而讲良知之学于江右，心斋即往见之。初见，据上坐；稍心抑，移坐其侧，终乃叹曰：“简易直截，艮不及也！”下拜称弟子。次日，又自悔轻易，径告阳明，仍据上坐，辩论久之，始大服。阳明尝语人曰：“吾向擒宸濠，一无所动，今却为此人动矣。”后入京，都人目为狂怪。及归见阳明，及门，三日不得见。至阳明送客出门，心斋跪路旁，自承知过，方得入。盖阳明为他意气太高、行动太奇，故借此痛加裁抑。阳明卒后，门下辩才首推龙溪，但有信或不信，心斋则于眉睫之间省觉人最多。心斋常谓“格物之物，即物有本末之物，身与家国天下皆是一物，惟身为本而家国天下为末。行有不得者皆反求诸己，反己即是格物工夫”。心斋的后学，多奇特之事，如颜山农、何心隐等。山农，名钧，吉安人。从徐樾波石得心斋之传。山农以为“人心妙万物而不测，性如明珠，原无尘染，有何睹闻，著何戒惧？平时只是率性而行，纯任自然，便谓之道，及时有放逸，然后戒慎恐惧以修之。凡儒先见闻，道理格式，皆足以障道”。山农性任侠，能急人之难。赵大洲以忤严嵩谪广西荔枝县，山农亲送至贬所；徐波石战死元江，山农往寻其骸骨归葬。后以事下狱，几死，得罗汝芳营救，始减死遣戍。何心隐者，本姓梁，名汝元，字夫山，永丰人，后改姓名曰何心隐。为山农弟子。尝遇张居正于僧舍，居正时为国子司业，心隐问曰：“公居太学，知《大学》之道乎？”居正不答，但目摄之，且曰：“尔时时欲飞，却飞不起也！”是时严嵩父子专政，忠臣死者相望。后心隐利用术者蓝道行，使帝疑嵩，邹应龙因上疏论嵩败之。及张居正当国，卒捕心隐，死狱中。尝谓“欲可寡，不可无，此即释氏所谓‘妙有’”，则直援儒入释了。至李贽出，乃直决藩篱，毫无隐讳。其不肯以孔子之是非为是非，有类王充；行止不为礼教所束缚，有类阮籍，盖已非理学所能范围。贽字卓吾，晋江人，曾官姚安知府。一日，忽削发坐堂皇，遂去职。居黄安讲学，直揭禅学，不复托名孔、孟，其徒男女杂沓，其言论怪诞奇特，大为世人所指目。卒被捕下狱，自杀而死，所著曰《藏书》、《焚书》。

阳明取孟子“人皆可以为尧舜”之言以喻学者，而其为学不主从浅近处检点，而重在“致良知”，近于禅宗所谓“顿悟”，后学承之，乃谓“放下屠刀，立地可以成佛”，“满街都是圣人”，于是讲学者几人人以圣人自命，且以为但求将来“顿悟”，目前一切不须检点了；阳明承象山“先立乎其大者”的宗旨，以“多学而识”为支离，后学承之，乃大张“何必读书，然后为学”之旨，于是为学者束书不观，竞以空谈相尚了，王学末流遂有妄诞、空疏之弊。顾亭林《与友人论学书》说他们但知“言心言性，舍多学而识以求一贯之方，置四海困穷不言而终日讲危微精一之说”，不辨于出处、去就、辞受、取与，而“谓忠与清之未至于仁”，“谓不忮不求之不足以尽道”，以无本之人讲空虚之学，故虽日从事于圣人而去圣日远。确中王学末流之弊。

王学末流虽有妄诞空疏之弊，但亦有胜于朱学末流之拘守绳墨、埋头故纸堆中者，故明末多跅弛之士、慷慨赴难之人。黄宗羲《明儒学案》有云：“其人多能以赤手搏龙蛇。”“诸公掀翻天地，前不见有古人，后不见有来者。”“诸公赤身担当，无有放下时节。”故明亡时，刘蕺山、黄石斋诸公皆大节凛然，足为理学生色；而孙夏峰、顾亭林、黄梨洲、李二曲、王船山诸明末遗老，不肯屈膝俯首，较之元初诸儒尤相去霄壤。理学首贵躬行，躬行首重大节，在这一点上，我们对于明末诸大儒不能不致其景仰。

刘蕺山，名宗周，字起东，号念台，尝讲学于蕺山（亦名戒珠山，在绍兴）之证人书院，世称“蕺山先生”，山阴人。

进士，官终左都御史。他在宦途中曾遭五黜，告归二次、削职为民三次。第一次，因疏谏罗织东林，予告归；第二次，因劾魏忠贤，削职；第三次，因忤温体仁，削职；第四次，以救姜埰等，削职；第五次，请福王亲征，劾马士英、阮大铖，予告归。及浙江降清，绝食而死，私谥正义。著有《圣学宗要》、《人谱》及文集等。其学以诚意为主，慎独为功。尝曰："为学之要，一诚字尽之矣，而主敬其功也。敬则诚，诚则天。若良知之说，鲜有不流于禅者。"则对于王学已有所修正了。

黄石斋，字幼玄（《明史》作"幼平"），一字螭若，号石斋，漳浦人。以进士官右中允，因救钱锡龙及忤温体仁，削职为民。又起为少詹事。杨嗣昌夺情起复，且入相，道周劾之，廷杖下狱，谪戍广西。福王立于南京，官礼部尚书。遣祭禹陵而南京陷，乃奉唐王于福州以抗清，官武英殿大学士。率师至婺源，兵败被执，不屈死。著有文集及《易象正义》、《孝经集传》诸书。尝辨宋儒言"气质之性"之非，以为"气有清浊，质有敏钝，自是气质，何关性之事？性则通天彻地只此一物，于动极处不见动，于不睹不闻处见睹闻，著不得纤毫气质"。可见他是不赞成"理气二元论"的。

孙夏峰，名奇逢，字启泰，一字钟元，容城人。晚岁移居苏门山之夏峰讲学，故世称"夏峰先生"。举人。时杨涟、左光斗、魏大中为魏忠贤所陷下狱，夏峰与友人鹿正倾家募资营救，又求援于孙承宗（是时以大学士督师辽边）。不及，又为光斗等经理其后事。明末，避乱居易州五公山。入清，屡征不起，至康熙中始卒。夏峰初主陆、王，晚更和通朱子之说。如云："阳明所谓无善无恶心之体，谓无善之可言，亦犹之乎至善，非告子所谓无善无不善。"又论做人之道曰："饥饿穷愁困不到，声色货利优不倒，死生患难考不倒，而做人之道毕矣。""处人之道，心厚而气和。不独待君子，即待小人亦然。"又论理气曰："浑沌之初，一气而已。其主宰处为理，其运旋处为气，指为二不可，浑为一亦不可。"所著《理学宗传》自周濂溪以下，亦包举朱、陆，不拘门户之见。

顾亭林，名炎武，一名绛，字宁人，别号蒋山佣，因尝读书于松江之亭林镇，故世称"亭林先生"，昆山人。明末诸生，因继母王氏明亡时不食死，故鲁王时尝起义兵应之。入清屡征不就，奔走南北，欲经营恢复，终不就，后卒于华阴。亭林惩王学末流之弊，力持反对王学之论，主反之于程、朱。其论学以"博学于文"、"行已有耻"为主。著述极多，于经史、金石、声韵等无不研究，而《日知录》尤为一生精力所萃。尝谓"经学即理学"，"舍经学无理学"。清代经学之盛，实由亭林启之（参阅《经与经学》），所以他是清初学风转变的枢纽。

黄梨洲是刘蕺山的弟子，名宗羲，字太冲，梨洲是他的号，余姚南雷人，世称"南雷先生"。其父尊素为魏忠贤所害，下狱死。梨洲入京讼冤，会思宗已立，逆阉已败，乃怀长锥刺阉党许显纯等，思宗叹为"忠义孤儿"。福王立于南都，马士英专政，阉党阮大铖等又起用，乃与诸生作《留都防乱揭》攻之，几被逮，因清兵南下得免。鲁王立，官左佥都御史。及海上倾覆，遂奉母隐居，举鸿博、征修《明史》，皆不出。卒，私谥文孝。著有《梨洲遗书》，以《明夷待访录》及《明儒学案》为最有价值。《明夷待访录》中之《原君》发挥君为天下而设之义，颇近于卢梭的《民约论》;《原臣》亦言出仕者为天下、为人民，而非为君。此在今日视之原极平常，而在当时，不可谓非先觉。《明儒学案》及未成之《宋元学案》，述理学源流、诸儒学说，评论亦甚翔实，为我国学术专史之创始的巨制。但梨洲所长实在史学，万斯同兄弟、全祖望以及章学诚一派之史学实由梨洲启之，所以他也是清初学风转变的一个枢纽。

王船山，名夫之，字而农，号姜斋，衡阳人。明末举人。张献忠破衡州，走匿衡山中。献忠执其父为质招之，乃引刀自刺肢体，舁往，易其父，父子俱得脱。桂王立，官行人。入清，隐居衡阳之石船山，故世称“船山先生”。所居土室曰观生居，生活极苦。明末遗儒如孙、顾、黄等皆早享盛名，船山独遁迹深山，境愈苦而节愈坚，不见知于世。吴三桂据衡阳称周帝，迫之出。以其为故明叛将，为虎作伥，匿勿与见。尝绝粮，郡守馈粟，力却之。所著曰《船山全集》，其《宋论》借宋事写亡国之痛，尤脍炙人口。其学以宋五子为堂奥，而尤佩张横渠。盖亦自明之王学而返之于朱子者，其《衍大学补传》、《衍中庸》二篇中，言之极为详明。清代理学王衰朱盛，其转变之端已可于此见之。

李二曲，名颙（全祖望《二曲先生窆石文》作“容”，避清仁宗讳），字中孚，别号二曲土室病夫，世称“二曲先生”，盩厔人。（盩音舟，厔音知乙切。山曲曰盩，水曲曰厔，见《元和志》。东坡诗“二曲林泉胜”，即指盩厔）。年十六，父可从从军战死。家贫甚，与其寡母相依，甚至有不能举火的日子，因此不能从师。遂借书苦读，卒成学者。清初，讲学关中，门下颇盛。地方当道及大臣屡荐，清帝亟欲致之。称病笃，舁其床至省署，乃绝饮食六日，并拔刀自刺，始得免。从此杜门，虽旧日弟子亦少得见，惟顾亭林至始与款接。著有《四书反身录》等书。其论修养，以“悔过自新”为宗旨，以“静坐观心”为入手方法，谓静坐乃能知过，知过乃能悔过，悔过乃能改过以自新。其论学谓天下之大根本在人心，天下之大肯綮在提醒天下之人心；天下之治乱由于人心之邪正，人心之邪正由于学术之晦明。其于理学则主调和之说，以为学者当先看象山、慈湖、白沙、阳明之书，阐明心性，直指本初，以洞斯道之大原，然后取二程、朱子等之书，玩索以尽践履之功。下学上达，内外本末，一以贯之。至于诸儒之说醇驳相间，去短集长，当善读之云。

综以上所述，蕺山、石斋为明代理学诸儒的殿军，夏峰以下五人则清初尚存，所以列之明代理学之末者，因为他们都是不肯自认为清朝人的。以资望言，则夏峰在明末已因救杨，左诸忠而成名，梨洲为尊素之子、蕺山的高弟，从亡海上，亦有名位。船山虽曾事桂王而名位极微，困居船山，其行极苦。二曲则起自孤贫，毫无凭借，于寒饿清苦之中、威胁利诱之下守道不屈，尤为可佩。至其为学，则亭林、梨洲开清代经学、史学之先河，已非理学所能范围。以理学言，则亭林反对王学最烈，其余四人亦皆主兼宗朱、陆，不专主陆、王，可见这时候王学已盛极而衰了。

第二十二章

清代理学及学术前途的展望

第二十二章
清代理学及学术前途的展望

明代的文学，诗文不及唐、宋，词不及宋，曲不及元，只有曲中的传奇却颇为发达；明代的学术，经学不但不及两汉而且不及唐、宋，只有理学中继承陆学的王学一派有畸形的发展。理学兴于北宋，周、二程、张、邵五子，虽其气象宗旨各有不同，而大致不甚相远；到了南宋，则朱、陆两派门户显然，理学已起了分化。明代中世以前，崇奉朱学者尚不乏人。及白沙、阳明相继出，舍朱宗陆，直以“心学”号召，于是明代中世以后，风靡全国，俨然成学阀了。王学末流之弊，妄诞空疏，诚如顾亭林所论，其学说本身已不足系有识之士的信仰。阳明名位显赫，其门下已有希附叨光之徒，及王学成为学阀，蚁附者愈众，无行之人比比皆是，是且王学思想解放，不复如朱学之拘拘绳墨，故放言高论、跅弛不羁成为一时的风尚，如李贽辈遂成狂禅，为世指目，这是王学本身的弊病。明末理学家对于王学，如蕺山早已有修正之论，如亭林直持反对之说，学风转变，此为其因。

东林书院在无锡，宋杨龟山尝讲学于此。明季，顾宪成、高攀龙等又讲学于此，门徒极盛。彼辈讥弹朝政，声势颇大，而其徒党亦不尽为君子。时魏忠贤专权，方欲举当世之君子一网而尽之，遂目为东林党，施以杀戮禁锢，其祸竟烈于东汉末之党锢，明之元气因以大丧。明季国政不纲，官常败坏，泄沓成习，贪黩成风，加以饥馑洊至，四海困穷，“流寇”的发生盖由于此。又因剿抚失宜，遂以星星之火成燎原之势，虽有“任贼分裂朕尸，勿丧百姓一人”的殉国的思宗，也无补于灭亡。清人乘之，又有吴三桂、洪承畴等甘为虎伥，致中国复为异族所据。在此天崩地坼的大变局中，王学末流妄诞空疏的心性禅理，实际上于国家、民族毫无补救，其给予有志之士的刺激不可谓不大。反对王学者，遂以亡国之责加之学术。清人既以异族入主中国，对于初被征服的汉人当然多所猜防，而王学聚徒结社、放言无忌之风，尤为大忌。故文字之狱迭兴，以世宗雍正时为尤烈。学者为逃死计，亦惟有究心训诂，埋首古经，以示与世无争。而亭林以当代大师，因反对王学故，倡“经学即理学”之说，于是代王学而兴者为经学，理学亦由陆王而复反于程朱。学风转变，此为其缘（参阅《经与经学》）。

惩王学“束书不观”的空疏之弊，故学风一变而反于“读书穷理”之朱学，再变而反于纯客观的“研究经训”之汉学；惩王学空谈心性、置“四海困穷”于不顾的空疏之弊，故学风又一变而为求之实事的颜李派，这都是王学的反动。清代的经学，已于《经与经学》中详述之；颜李之学，则与其谓为经学，不如谓为理学，故再述其大要于此。

颜元，字易直，一字浑然，号习斋，博野人。其父为蠡县朱姓养子，遂姓朱，为蠡县人。明末，清兵入乡，父被掳去，母改嫁。后朱翁妾生子，妾谗习斋于朱翁，欲害之。朱媪卒，闻邻翁言，又往问其生母，始知父非真朱姓子。及朱翁卒，乃归宗，复姓颜。复出关寻父，果得其踪迹于沈阳，已殁，有异母妹，乃招魂挈妹而归。游开封，馆于大侠李子青。李见习斋携短刀，固请与试。乃折竹为刀，对舞，中子青腕，子青惊伏。肥乡郝文灿聘主漳南书院，分设文事、武备、经史艺能诸科，以教学子。会久雨，漳水溢，堂舍悉没于水，乃辞归。卒，私谥文孝先生。著有《四存编》(《存学》、《存性》、《存治》、《存人》)。习斋之学首重实事，教门弟子存忠信，行孝弟，习礼、乐、射、御、书、数、兵、农、水、火诸学。以为“尧舜之道在六府三事（见《尚书·大禹谟》，六府为水、火、金、木、土、谷，三事为正德、利用、厚生），周公以三物教（见《周礼》大司徒，一曰六德，知、仁、圣、义、忠、和；二曰六行，孝、友、睦、姻、任、恤；三曰六艺，礼、乐、射、御、书、数），孔子以四教（文、行、忠、信，见《论语》），非主静、专诵读，流为禅宗之俗学所可托”。删订六经，乃孔子之大不得已，故不当以章句为儒、以读书纂注为功。无极、太极、河洛及先天、后天之说，皆出自道家，不足以当圣人之言性与天道。孔门之教，惟在实学、实习、实用，故斥后儒侈言性天，卑视孔门诸贤，而欲升周、程与颜、曾接席之妄。至其论性，则谓恶由于蔽习，气质之性亦无恶，若气质有恶则天之降才有殊，歧天人而二之，背于孟子之说了。孟子所说“性善”，谓知愚之性同是善，亦非全无差等。孔子所说“性相近”，谓如同为真金而多少轻重不同，故曰“近”耳。可见他对于宋明的朱学、王学皆不满意，故别倡主重实学、实行的一派。

他的弟子，以李刚主为最著。刚主，名塨，以字行，号恕谷，蠡县人。年二十一，即从习斋。康熙举人，曾官通州学正。承习斋之学，以实用为主。著有《恕谷集》、《习斋年谱》诸书。而《周易传注》一书，驳“卦变”、“河洛图书”、“先天八卦”诸说，以为“圣教罕言性天，乾坤四德必归人事，《屯》建侯、《蒙》初筮，每卦亦皆以人事立言。陈抟《龙图》、刘牧《钩隐》，以及探无极、推先天者，皆使《易》入于无用，而《参同契》、《三易洞玑》诸书皆异端方技之传，其说适足以乱道”。盖《周易》本为卜筮之书，自孔子赞《易》，引天道以合人事，始成有关哲理人生之作。而后米火异象数之学、河洛先天之说及道士家言，乃欲反之于卜筮，杂之以异端，恕谷辞而辟之，扫架空之论而复归之人事，实为卓见。可是颜李派务实之学，竟一再传而绝，殊为可惜！

清代初期的经学家，对于理学虽竭力排击陆王派的心学，对于程朱仍示尊敬，所以惠士奇还有“六经宗服郑，百行法程朱”的楹联。及戴东原出，乃于宋儒“天理人欲”之说大肆驳斥。宋儒之说，以为天理与人欲不能并立，人欲净尽，天理乃得流行。东原力斥其非曰："古人所谓天理，不外絜民之求，遂民之欲，必求之人情而无憾，然后即安。理也者，即情欲之不爽失者也，故理即寓于欲之中。盖一人之欲，即千万人所同欲也。自宋儒以意见为理，舍是非而论顺逆，然后以空理祸斯民。故人死于法，犹有怜之者；死于理，其谁怜之？"又曰："自宋儒立理、欲之辨，谓不出于理则出于欲，不出于欲则出于理。于是虽视人之饥寒号呼、男女哀怨，以至垂死冀生，无非人欲，空指一绝情欲之感为天理之本然，存之于心。及其应事，幸而偶中，非曲体事情，求如此以安之也；不幸而事情未明，执其意见，方自信为天理，非人欲，而小之一人受其祸，大之天下国家受其祸。"又曰："尊者以理责卑，长者以理责幼，贵者以理责贱，虽失，谓之顺；卑者、幼者、贱者以理争之，虽得，谓之逆。于是下之人不能以天下之同情、天下之同欲达之于上，上以理责其下而在下之罪人人不胜指数矣！"其《答彭进士允升书》直揭宋儒之出于释老，与儒家言不同，谓当使陆王不得冒程朱，释氏不得冒孔孟。其《孟子字义疏证》谓"宋儒言性言理，言道言才，言诚言权，言仁义礼知，皆非六经孔孟之言，而以异学杂之。"故就《孟子》字义开示来学，"区而别之是谓理，血气心知是谓性，智能所别是谓才，人伦日用是谓道，生生之德是谓仁。义、礼该于仁，智该于义、礼，据真实而言则曰诚，就经事而言则曰权。"字各为篇，详加论说。其《原善》则以性为主，以仁、义、礼为性所生，显之为天，明之为命，实之为化，顺之为道，循之有常曰理，合此数端斯名曰善；又曰性生材，因材施教，亦成为善，人性既善，则得于心者为“诚信”，应于事者为“道德”云云。东原之于理学，在消极方面能破宋儒之说，在积极方面能立他自己的一家之言。所以他不仅是一位经学大师，实在是程朱、陆王两派之外独树一帜的理学家。他之所以备受当时程朱派理学家和桐城派古文家的攻击者在此，所以备受现代学者们的推崇者亦在此。东原的略史，已见《经与经学》中，不复赘述。

清初文字之狱多，文网既密，思想之受钳制亦日甚。但有唐甄（本名大陶，字铸万，号圃亭，达州人，有《辅亭集》及《潜书》）、俞正燮（字理初，黟人，有《癸巳类稿》及《癸巳存稿》等书）亦尝于著述中抒其特到之见。圃亭的《潜书》中，有《抑尊》篇，明“民贵君轻”之义；有《内伦》篇，明夫妻平等之义；而《室语》篇直斥秦以来之帝王为贼，尤为痛快。理初有《书旧唐书舆服志后》，斥妇女裹足之恶习而断之曰：“古有丁男丁女，裹足同失丁女；裹足又出于古之舞屣贱服，女贱则男亦贱。”有《节妇说》，斥妇女片面的贞操，以为男子以理义为深文以罔妇人，直是无耻。有《妒非女子恶德论》、《贞女说》，斥以妒为女子恶德之非通论，斥迫女子守贞之非。这些议论也显然和程朱的学说不合的。

陆王派的理学，受学者们的排击较早、较烈且较普遍，故在清代，竟一蹶不能复振。其为心学守最后之残垒者，已寥寥无几，不足以复张其军。如张起庵，名沐，字仲诚，上蔡人，讲学中州。其为学次第，曰立志、存养、穷理、力行、尽性、至命。尝谓程子“释学本心”之语是偶误，儒学方是“本心”。又教学者“寻讨此心，认识此心，觉得明明亮亮”。其教学者，不离乎“一念常在”四字，所谓“一念”者，谓此心中一段极明白的意思，即是“天理常在”、“天理流行”，非又有天理在何处，又须去存，如天上直一月，千家万户之光明，亦直一月。明明是陆王心学一派，却又自以为大略不违程朱之法，作《道一录》以示融会调和，其不敢直揭王学的旗帜可知。又如慈溪潘平格，字用徵，作《求仁录》，谓孔门之学以“求仁”为宗，“求仁”即所以复“天地万物浑然一体”之性，而充周于日用、条理于发见者。又训“格物”之“格”为通，“格物”之“物”为“物有本末”之“物”，身及家国天下皆物，修齐治平皆事，身为物之本，天下为物之末，修身为事之始，平天下为事之终。“格物”者，自修身以至平天下一贯打通，以后浑然天地万物一贯之性，即曾子所闻“一贯”之道。若能审求仁之学脉，得性善其旨，认识真心则真心现在，何俟于理会参求？无刻不流行，何待于静中养出？操持照管则心劳，其心是主，意识是贼，操持意识以为心则主杂，心劳且杂则不安。也是明明讲的陆王心学，却又自谓直接孟子，教学者信《大学》，勿信伊川、晦庵之改《大学》，信颜、曾、思、孟，勿信阳明、龙溪，则亦讳言王学了。而武功康吕赐，字复斋，号一峰者，著《读〈大学〉〈中庸〉日录》，直赞阳明的以格物致知为知行兼到的工夫，切实精详；《中庸》揭出“慎独”，即孔子“修己以敬”血脉，阳明更提据明快。其自称为姚江之支派，倒是赤裸裸地继承王学的。

朱学在明、清为帝王所尊崇提倡，学者中除戴东原辈少数人外，鲜有敢明目张胆地加以排斥者。故清代著名的理学家类多属于此派，而所谓桐城古文家者，亦往往援“文以载道”、“因文见道”之说而自附于朱学。但亦仅能守其余绪，无甚发挥光大。兹亦摘叙数人，以见清代朱学之一斑。

陆世仪，字道威，号桴亭，太仓人。明末诸生，尝学于刘蕺山，而其学则宗程朱。明亡，隐居不仕，穷居授徒，不通宾客，也是一个有节操的遗老。卒私谥尊道，亦曰文潜。著有《思辨录》、《桴亭集》等书。桴亭谨守程朱家法，谓“主敬是主宰，穷理是进步处”，又谓“至知工夫只‘心为严师，随事省察’八个字，‘心为严师’即居敬，‘随事省察’即穷理”。又论《太极图说》，以为太极本于《系辞》，周子不过祖述孔子，人极则为周子所发明。主静为立人极之本，周子自注云“无欲故静”，无欲是无人欲，无人欲则纯乎天理了。因言人之义理本于太极，气质本于两仪，而又合之以“理一分殊”之说。其《思辨录》力辟王学，谓明末讲学者专拈龙溪四无，掉弄机锋，其祸不止如王衍之清谈，故驯至大乱，阳明不得辞其责云。

张履祥，字考夫，号念芝，平湖人，居杨园村，学者称

“杨园先生”。明诸生，亦蕺山弟子而宗程朱者。入清，隐居不出。时黄宗羲以绍述蕺山名震东南，杨园曰：“此名士，非真儒也。”著有《杨园全书》。尝谓“儒者起脚第一步是仁以为己任”，又谓“舍‘居仁由义’四字外无所谓学问，舍‘居敬穷理’四字外更无所谓功夫”，又谓“舍却下学为己，更无学问可言，更无工夫可言”。其教学者，言“三代以上当折衷于孔孟，三代以下当折衷于程朱”。其辟王学，则曰：“昔之异端在正道之外，今之异端在正道之内。”又谓“知行合一”等说，不出于释氏则出于功利，姚江“良知”二字，不过借用孟子名目，佐成其直情径行之说。尝觉蕺山《人谱》犹染阳明，徒以师故，不敢斥言而已。

张尔岐，字稷若，号蒿庵，济阳人。明诸生，入清，隐居教授。尝作《辨志》，谓志为“学术之枢机，适善适恶之辕辑”，“学者一日之志，为天下治乱之源，生人忧乐之本”。其《中庸论》，以为最要者是“喜怒哀乐之未发谓之中，发而皆中节谓之和”二语，而其所以能发皆中节，必有以节之，节之者，即礼是，故“中庸”为赞礼之极辞。他既重礼，故研究独精，有《仪礼郑注句读》，为顾亭林所推重，尝曰；“独精三《礼》，卓然经师，吾不如张稷若。”以上三人，皆明末遗老之笃守朱学者，而蒿庵尤长于经学云。

清初在朝的理学家，如汤潜庵、陆稼书，亦宗朱学。汤斌，字孔伯，一字荆岘，号潜庵，睢州人。以进士累官至江宁巡抚，工部尚书。卒，谥文正。有《汤子遗书》。其论学有云："离经书而言道，此异端之所谓道；外身心而言经，此俗儒之所谓经。"似欲合经学、理学而一之。《嵩阳书院记》云："滞事物以为穷理，未免沉溺迹象，既支离而无本，离事物而言致和，又近于堕聪黜名，亦虚空而鲜实。"也似程朱、陆王的调和论者。且其《上孙征君书答顾亭林书》皆以朱子、阳明相提并论，而《志学会约》中且有"致良知为圣学真脉"之语。盖潜庵之学出于夏峰，夏峰本是兼采王学的。至《答陆稼书书》又云："窃尝泛滥诸家，……反复审择，知程朱为儒之正宗。欲求孔孟之道而不由程朱，犹航断港绝潢而望至于海也，必不可得矣。"则是自承专主程朱了。又自辩所以不敢诋斥姚江，非笃信姚江，亦非博长厚之誉；并谓"或天稍假以年，果有所见，然后徐出数言以就正海内君子，犹未为晚"云云，似乎他的加入程朱派在壮年以后。他极重力行，故谓"视听言动必求合礼，子臣弟友必求尽分"，且云："今诸儒之说备矣，苟好学深思，人人可得，第患不力行耳。今虽横说竖说，何曾有一语出古人范围？言愈多而道愈晦，语愈精而行愈伪。"说得极透彻、极切实。他在顺治初年已成进士，清兵自陕下滇蜀时，他的官已做到潼关道副使了。传他的人称赞他如何在兵荒马乱中抚辑流亡，实际上不过替清兵在后方办些绥靖工作而已！

陆陇其，字稼书，平湖人。康熙进士，历官嘉定、灵寿知县，至御史，卒，谥清献。著有《三鱼堂集》等书。其论学有云："宗朱子为正学，不宗朱子即非正学。"谓当法董仲舒，凡不宗朱子者皆绝其道，勿使并进，俨然欲借政治势力统一学术，自是做官人的话。尝作《学术辨》以斥阳明，谓阳明以禅之实而托于儒，其流害不可胜言。朱子尝谓"灵处是心不是性"，故心为性之所寓而非即性，性寓于心而非即心。禅者以知觉为性，是误认心为性；又以知觉之发动者为心，是误认意为心，认心为性是阳明病根。所著《松阳讲义》有言："今之为世道计者，当自羞乞播，贱垄断，辟佛老，黜阳儒阴释始。"稼书卒于康熙之末，与桴亭有"二陆"之称。

至于辅翼朱学的古文家，如方苞、姚鼐等皆是。而方东树作《汉学商兑》，攻汉学，主程朱，启汉、宋门户之争，似于姚氏"义理、考据、词章三者不可偏废"之说相背。究其实际，桐城派所长者还有词章，至多也只能说是朱学的附庸。曾涤生服膺姚氏的主张，其《圣哲画像记》中所列理学家仅周、二程、张、朱五子，也是主宗程朱的。但于理学，终少发挥，且为其事功、文章所掩，也不能算他是理学家。

乡先辈夏灵峰先生，可说是清代理学程朱派的后劲。灵峰，名震武，字伯定，富阳人。清德宗时，以进士官工部主事。那时，外侮日亟，朝政日非，以主事抗疏论时事，忤慈禧太后，削职，发交原籍看管。及庚子之变，慈禧挟德宗走西安，始叹夏某是忠臣。遂召见，由浙江跋涉至陕，恸哭陈疏，然终不见用。清末，尝教授于京师大学堂。鼎革后，闭户不复出。蓄发，著古衣冠，筑精舍于灵峰山，往学者甚众。著有《灵峰全集》。先生论学宗朱文公，论文宗韩文公。律己极严，躬行极笃。父母之丧，先后庐墓凡六年。排陆王及汉学甚力，至斥为洪水猛兽。论者以灵峰之殿清代程朱派的理学，比之章炳麟之殿汉学的古文派、康有为之殿汉学的今文派云。

综上所述观之，则清代的理学，仅程朱派尚流行于世，陆王派在清初已衰落了。而且程朱派也仅能守成，不足以言发挥光大。至于诸子，虽有王先谦之解《庄》、《荀》，孙诒让之诂《墨子》，俞樾之评诸子，章炳麟之释《齐物论》，但都只是笺疏整理的工作，只能使周秦诸子为世人所重视，却没有独抒己见，成一家言，可以远绍诸子的。诸子学的勃兴，由于我国周秦间的政治、社会、经济起了划时代的剧变；理学的勃兴，由于外来的佛教思想和我国固有的学术思想接触相结合。清末革命，推翻了二千多年相承的专制政体而创建共和，这次政治变动较之秦代之改封建为郡县尤为剧烈。且自海禁廾后，机器输入，农工方面也受着重大的影响，而重要的通商口岸都迅速地成了现代化的都市，资本也集中起来了，这些都足以促进工商落后的农业社会的经济剧变。这种经济的变动也尚在过程中，较之周秦间地主崩溃、商业抬头的经济变动不知剧烈到多少倍。专制政体推翻后，社会的阶级已在起变化了，“五四”运动以后，因新文化运动的打击，旧礼教已在崩溃中，而新秩序迄未建设，旧有的道德意识、社会制度和秩序却已发生根本的动摇。

此种动荡的现象亦日在进行中，较之周秦间因贵族阶级的逐渐崩溃而发生的社会变动，也有过之无不及。且自清末迄今五十余年以来，东西洋科学、哲学、主义、思想以至文艺等都洪水般涌了进来，虽然到现在尚不能尽量吸收消化，将来必有吸收消化而且和我国固有的学术思想融化结合之一日。